¡Libre al fin!

MEMORIAS DE LOS SECUESTROS DE CLEVELAND

¡Libre al fin!

*Cómo recuperé mi vida después de
diez años de encierro y oscuridad*

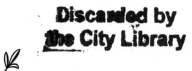

Michelle Knight

con Michelle Burford

Nota para los lectores: Al volver a contar los hechos en estas memorias, la cronología se ha abreviado o alterado, y los detalles se han cambiado en beneficio de la narrativa. En donde se presentan los diálogos, la intención fue recrear la esencia de las conversaciones más que proporcionar citas textuales. Los nombres y características de identificación de algunos individuos también se modificaron.

Título original: *FINDING ME: A Decade of Darkness, a Life Reclaimed. A Memoir of the Cleveland kidnappings*.
Traducción: Gloria Estela Padilla Sierra

Diseño de portada: Leigh Taylor
Adaptación del diseño para esta edición: Liz Batta
Fotografías de portada y solapa: Deborah Feingold

© 2014, Lillian Rose Lee
Publicado en inglés en Estados Unidos de América por Weinstein Books, miembro de Perseus Books Group
Publicado en español mediante acuerdo con Perseus Books LLC.

© 2014, Editorial Planeta Mexicana, S.A. de C.V.
Bajo el sello editorial DIANA M.R.
Avenida Presidente Masarik núm. 111, 2o. piso
Colonia Chapultepec Morales
C.P. 11570, México, D.F.
www.editorialplaneta.com.mx

Primera edición: mayo de 2014
ISBN: 978-607-07-2174-8

Disponible en *e-book*

Impreso en los talleres de Litográfica Ingramex, S.A. de C.V.
Centeno núm. 162-1, colonia Granjas Esmeralda, México, D.F.
Impreso y hecho en México - *Printed and made in Mexico*

Para Joey

Contenido

Prefacio

~~~

E L DÍA EN que desaparecí en 2002, no muchas personas parecieron darse cuenta. Yo tenía veintiún años y era una joven madre que una tarde se detuvo en una tienda de descuento Family Dollar para pedir indicaciones de una dirección. Durante los siguientes once años estuve confinada al infierno. Esa es la parte de mi historia que quizá ya conozcan, pero hay muchas otras cosas que ustedes no saben.

Nunca he hablado sobre la dolorosa vida que tuve antes del secuestro. Nunca he revelado por qué hablé con el hombre que se me acercó en la tienda o sobre la extraña sensación que tuve cuando salimos de ahí. Nunca he discutido lo que sucedió en realidad entre Gina, Amanda y yo cuando estuvimos encerradas entre esos muros. De hecho, nunca le he contado a nadie mi propia historia. Jamás lo hice, hasta ahora.

No soy la primera persona en haber pasado por una terrible experiencia como esta. Y cada vez que sale a la luz un caso notable de secuestro, toda la gente queda impactada: Jaycee Dugard, que pasó dieciocho años encadenada en una casucha de un patio trasero en California; Elizabeth Smart, a quien sacaron de su dormitorio en Salt Lake City el mismo verano en que me raptaron; Shawn Hornbeck, el niño de Missouri a quien secuestraron mientras viajaba en bicicleta a casa de su amigo; y, en noviembre de 2013, las tres mujeres londinenses quienes fueron descubiertas luego de haber pasado treinta años esclavizadas. Esta clase de historias son noticia de primera plana, pero se van desvaneciendo con el tiempo y es fácil olvidar a todos aquellos que aún siguen perdidos. Esa es una de las razones que me impulsaron a dar a conocer mi vida en este libro: quiero que todos recuerden a los desaparecidos.

Y exhorto a los lectores a que, si alguna vez notan algo que parezca extraño respecto a una situación —un niño que sigue faltando a la escuela, una mujer que parece nunca salir de casa—, por favor llamen a la policía y pídanle que verifique qué pasa. Que no les preocupe quedar como unos metiches si todo estaba en orden. Al menos tendrán la paz mental que viene al saber que pudieron haber ayudado a una persona que está en problemas. Por favor, siempre tomen los dos minutos que se requieren para hacer esa llamada.

～

INVISIBLE: ASÍ ES como me sentí durante los cerca de cuatro mil días que sobreviví en el cuchitril de Ariel Castro. Lo único que pude pensar en todos y cada uno de esos días era en regresar con mi hijo Joey. Antes de que me sucediera esto, no podría haberlo creído, pero ahora sé que cualquier persona puede ser víctima de un secuestro, en cualquier parte y en cualquier momento. Y ese día de verano en que a mí me ocurrió, no hubo mucha gente a la que pareciera importarle. Nadie tuvo el menor desvelo. No apareció mención en ningún noticiario. Tampoco mis familiares ni mis vecinos se reunieron para repartir volantes. El mundo entero siguió su marcha como si nunca hubiese estado viva. Sentía que estaba gritando a todo pulmón y nadie podía escucharme.

Todo aquel que está perdido es hijo de alguien. Nunca sabremos todos esos nombres, pero podemos seguir teniendo en nuestra mente a todas esas personas. Como mencioné, también podemos expresar nuestras dudas cuando algo nos parece sospechoso. Ese periodo de once años que pasé en cautiverio hubiera sido mucho más breve si más personas hubiesen prestado atención, y si se hubieran tomado un momento para llamar a la policía.

Por difícil que haya sido rememorar lo que me pasó, fue incluso más difícil experimentarlo. Algunos de mis recuerdos son confusos. Ni siquiera sé si es posible dar orden a ese caos, pero es justo lo que he intentado lograr. Es probable que algunas cosas hayan quedado fuera, pero esto es lo que recuerdo después de haber estado cautiva durante once años. El hombre que se robó una enorme parte de mi vida hubiese querido que permaneciera callada, pero eso es exactamente lo que no debería hacer. Aun antes de encontrarme en el sitio incorrecto y en el momento equivocado, sentí que no tenía una voz propia. Así que ahora quiero hablar por todas esas mujeres y niños extraviados a quienes nadie puede escuchar todavía. Espero que nunca exista otra persona que se sienta como yo me sentí durante tantos años: desechada, ignorada, olvidada.

Sí, he logrado superar una de las experiencias más terribles que pueda sucederle a un ser humano, pero más que nada, mi historia trata sobre la esperanza. Aunque haya estado encadenada y sometida a los golpes y a la inanición, ese monstruo no pudo aniquilar por completo mi espíritu. Una y otra vez elegí volverme a levantar y seguir adelante. Ahora les contaré cómo lo logré.

¡Libre al fin!

1

Encontrada y perdida

～

ESA MAÑANA DE septiembre de 2013 desperté temprano, alrededor de las cinco de la mañana. La noche anterior apenas pude dormir. Un torbellino de ideas se agolpaba en mi mente. *¿Cómo ha sido la vida de Joey desde que lo vi por última vez? ¿Cuál es su apariencia ahora que tiene catorce años? ¿Es feliz en su nuevo hogar? ¿Le va bien en la escuela? ¿Qué querrá ser cuando crezca? ¿Siquiera sabe que soy su mamá?*

Tenía tantas preguntas que quería hacer, tantos años que había perdido. Realmente quería ver a mi hijo en persona, pero no era posible, por lo menos no todavía. La familia que lo adoptó cuando tenía cuatro años sentía preocupación sobre interrumpirle su vida. Entendía bien ese criterio, pero seguía rompiéndome el corazón.

Peggy, mi abogada, me había dicho que la familia estaba dispuesta a enviar algunas fotografías de Joey, pero que debía conservarlas en privado para proteger su identidad. Esa mañana nos reuniríamos para mostrarme las fotos.

Mi abogada me entregó las hojas de papel y yo las distribuí sobre la mesa. Eran ocho fotografías fotocopiadas, cuatro en cada página. En cuanto vi la primera, sentí que las lágrimas rodaban calientes por el rostro.

—¡Dios mío, es idéntico a mí! —exclamé.

Joey vestía un suéter azul con un emblema de beisbol y una gorra sobre su cabello oscuro y rizado. En la imagen estaba de pie con un bate sobre el brazo. La foto parecía actual. Seguía teniendo esa adorable nariz de botón y parecía ser alto para su edad; debe haber heredado la estatura de su padre, quien medía 1.83 metros. Pero esa gran sonrisa, esas orejas pequeñas, y sus labios grandes y carnosos venían directamente de mí. Hice a un lado los papeles para que el llanto que escurría de mis mejillas no los arruinara. Peggy me entregó un pañuelo desechable.

—¡Mira —dije entre mis lágrimas—, le encanta el beisbol como a mí!

Observé con cuidado cada una de las imágenes. En la segunda parecía tener más o menos siete años, estaba arrodillado y vestía un traje. En la siguiente estaba mezclando masa para galletas dentro de un tazón.

—¡Le gusta cocinar, igual que a mí! —exclamé.

Aparte de la fotografía con la gorra y el bate de beisbol, había una donde llevaba un palo de hockey, otra en la que tenía puesto un traje de buceo y estaba dentro de una alberca, y otra más donde estaba patinando.

—¡Vaya, realmente deben gustarle los deportes! —dije.

Peggy asintió y me lanzó una sonrisa. En cada una de esas fotos, Joey parecía feliz. Muy feliz.

Lentamente pasé mis dedos sobre el rostro de Joey. Quería tocarlo y abrazarlo, decirle cuánto le extrañaba. Pero cinco meses después de que escapé de mi prisión con la esperanza de encontrarlo de nuevo, esto era lo más cerca que había llegado a él.

Cuando esa noche volví a casa, saqué las fotografías y las miré de nuevo. Mientras veía los brillantes ojos y la gran sonrisa de Joey, tuve todas las emociones que puede sentir una madre que ha perdido a un hijo, empezando por el pesar. Las cosas podrían haber sido tan diferentes para nosotros dos. Y luego sentí enojo. ¿Por qué ese desgraciado tuvo que elegirme para secuestrarme? Y también sentí dicha y alivio. Gracias a Dios alguien había estado cuidando a mi bebé. Metí las dos hojas dentro del fólder azul al que antes adherí la calcomanía de una mariposa.

Ese día en la oficina de Peggy no marcaba un final. En cierto modo es donde comienza mi historia. Dos veces me lancé a buscar a mi hijo: primero cuando él apenas tenía dos años y medio; y luego, después de haber estado separados por doce largos años. Mi única esperanza era poder abrazarlo de nuevo con todas mis fuerzas.

2

Mi familia

❧

SIEMPRE RECORDARÉ EL interior de esa camioneta familiar color marrón, las alfombras mugrientas y el hedor a manzanas podridas. Cuando tenía cuatro años, ese automóvil era donde vivía mi familia. Mis hermanos gemelos de dos años, Eddie y Freddie, mi pequeño primo Mikey y yo nos apiñábamos en la parte trasera de la camioneta e intentábamos protegernos del frío bajo una manta diminuta y sucia.

—¡Hazte a un lado! —gritaba Freddie, quien era el más platicador de los gemelos y el que solía acaparar las cobijas. Enroscaba su pequeño puño y empujaba a Eddie, quien era bastante tranquilo para su edad y en realidad nunca devolvía los empujones. Aunque eran gemelos idénticos y tenían la misma piel olivácea y el mismo cabello negro y ensortijado, por lo general podía distinguirlos por quién era el que más empujones daba.

—Deja de empujarlo, Freddie —le decía.

Como yo era dos años más grande, eso me convertía en la hermana mayor que estaba a cargo de resolver las disputas.

—Vamos, niños, pueden usar un trozo de mi cobija —decía cada vez que empezaban a pelearse la manta, tirando de ella de un lado a otro—. Pero dejen de pelear.

Eso los calmaba cerca de tres minutos antes de que empezaran de nuevo. Los amaba a pesar de que me volvían loca.

En algunas ocasiones mi papá estacionaba la camioneta cerca de un huerto de manzanos en las afueras de Cleveland.

Tomábamos nuestro alimento directo de los árboles y yo comía manzanas verdes hasta que me dolía el estómago.

—Pongan las sobrantes en la parte de atrás para comerlas después —nos indicaba mamá, y nos lanzaba una manzana tras otra desde el asiento delantero. Luego de atrapar una, solía usarla para jugar a las escondidillas con el pequeño Mikey, quien tenía el pelo castaño y era muy flaco.

—¿Adivina dónde escondí la mía? —le preguntaba, y Mikey solo se encogía de hombros y sonreía.

—¡Yo sé, yo sé! —gritaba Freddie—. Está detrás de ti.

Sacaba la manzana que había escondido a mi espalda y la agitaba frente al rostro de Mikey, lo cual le hacía reír a carcajadas. Nos entreteníamos durante horas con esos juegos simplones. Y cada vez que íbamos al huerto escondíamos tantas manzanas en la parte trasera del auto, que a veces olvidábamos dónde las habíamos puesto. Por esa razón era que el auto olía tan mal.

No sé por qué terminamos siendo tan pobres o cómo llegamos originalmente a Ohio. Mis padres nunca hablaban mucho sobre su vida. A lo largo de los años, me enteré de unas cuantas cosas. Como la vez que mi mamá me dijo que tenía una combinación de sangre irlandesa, negra, hispana, indígena, árabe e italiana. Decía que "éramos una cruza". De ahí deben haber venido mis labios gruesos, en especial porque ella también los tenía. Y a veces la escuchaba decir palabras en español o en árabe, así que al menos eso debe haber sido cierto. También le gustaba decir: "Los niños están para ser vistos y no oídos".

Yo tenía muchas preguntas: ¿había aprendido a hablar esos idiomas desde niña? ¿Sus padres se los enseñaron? ¿Siempre había vivido en Ohio? Pero los adultos que yo conocí no hablaban de nada con nosotros los niños. Si preguntaba algo a mi papá acerca de su vida, él respondía que "ese era asunto de los mayores". Por esa razón es que no tengo idea de dónde o cómo crecieron.

Creo que tal vez pasamos todo un año en esa camioneta familiar. Y cuando nos mudamos, nuestra vida no fue mucho mejor. No sé cómo se llamaba el primer barrio donde vivimos, pero sí puedo decir que nuestra casa de tres habitaciones estaba en un gueto. Había prostitutas, proxenetas y traficantes de drogas en las esquinas. Había balaceras desde autos en movimiento. Y más adelante, en la misma calle, había una licorería que permanecía abierta toda la noche. Vivimos ahí por un tiempo muy corto. Durante toda mi infancia nos mudamos tantas veces, que ni siquiera era divertido. Creo que debemos haber ido a una nueva casa cada dos o tres meses. Lo digo en serio. Mi tía y mis primos se mudaron con nosotros. Después llegaron muchos otros miembros de la familia, pero luego hablaré de eso.

Sin importar a dónde nos mudáramos, siempre era a una de las zonas más feas de la ciudad. Cleveland tiene dos zonas, este y oeste, y las separa el río Cuyahoga. Nosotros vivíamos principalmente en la zona oeste. Un par de ocasiones pasamos en auto hacia el otro lado del río y noté que ahí la gente vivía en enormes casas, con jardines delanteros grandes y verdes. Las calles estaban tan limpias que podías comer en el piso. Incluso el aire olía mejor. Deseaba que pudiéramos haber vivido en esa parte de la ciudad. No quería regresar a casa porque era un chiquero. Cada vez que veía en televisión alguna cosa que trataba sobre las unidades habitacionales subvencionadas en otra ciudad, pensaba para mí misma que *eso se veía mucho mejor que nuestro barrio.* Para ser franca, era un verdadero hoyo en la pared.

Recuerdo una zona donde vivimos en varios sitios llamada Tremont. Está cerca del centro. Donde nos quedábamos había muchas pandillas y drogas. Las aceras estaban llenas de jeringas. Cuando menos una vez por semana se escuchaba un disparo en medio de la noche. En aquel entonces, Eddie, Freddie, Mikey y yo compartíamos un cuarto y cada vez que se oía un tiro, ¡bang!, nos escondíamos en un clóset diminuto.

—¿Estás bien? —preguntaba a Eddie, con los labios temblorosos.

—Sí —le susurraba; sabía que estaba tan asustado como yo, pero como hermana mayor protectora, fingía y actuaba como si fuera fuerte—. Todo está bien —le decía siempre.

El interior de nuestra primera casa me parecía asqueroso. Tenía una planta baja y un piso superior y contaba con cuatro dormitorios. La alfombra era de color café y tenía unas manchas repugnantes. Nuestro baño también era repulsivo y la estufa estaba dañada.

Después de mudarnos a esa casa, un montón de parientes vinieron a quedarse con nosotros. Siempre me preguntaba, *¿dónde había estado toda esta gente cuando vivíamos en la camioneta?* Y, aparte de todas las tías, tíos y primos que vinieron a vivir con nosotros, conocí a muchos más familiares a medida que me fui volviendo mayor, como mis primas Lisa y Deanna. Cada vez que una nueva persona se mudaba a nuestra casa, yo preguntaba quién era, pero nadie me respondía.

En algún momento vivimos doce personas en una sola casa, de modo que el desorden era considerable. Además, siempre había muchos desconocidos que parecían entrar y salir a toda hora del día o la noche. El timbre sonaba constantemente y a menudo entraban hombres que llegaban a entregar paquetes y me provocaban miedo. Muchas noches era difícil dormir a causa de las fiestas escandalosas que tenían los adultos. La mayor parte del tiempo la casa hedía.

No tenía un dormitorio que fuera únicamente mío. A mis primos y a mí nos cambiaban todo el tiempo a habitaciones diferentes.

—¿Dónde vas a dormir hoy en la noche? —preguntó una vez una de mis tías.

—No sé —respondí—. Tendré que encontrar un rinconcito.

Esa noche me llevé mi pequeña manta azul al cuarto donde estaban Eddie y Freddie, y dormí junto a su colchón que estaba sobre el piso. A veces pasaba la noche en el dormitorio de mis padres y en ocasiones incluso llegué a dormir en el sofá de la sala. Mis hermanos y Mikey también cambiaban de cuarto, pero en general se quedaban en el mismo. Por alguna razón, de entre todos los niños, yo era la que se mudaba con más frecuencia, en especial si alguien nuevo llegaba a casa. Era caótico, por decir lo menos.

Cuando todavía era muy pequeña ocurrió algo que me cambió para siempre. En medio de la noche tuve sed y me levanté de la cama individual donde estaba durmiendo. En la oscuridad tropecé con una pila de cosas. Cuando llegué a la sala, mi madre dormía ahí con su ropa puesta. Entré a la cocina, puse una silla junto al fregadero y tomé un poco de agua. Al regresar a mi cama, un hombre de mi familia estaba sentado ahí.

—No trates de huir —dijo a mi oído.

Empecé a llorar y mil pensamientos corrieron por mi mente: *¿qué está haciendo él en mi cama? ¿Mi mamá puede escucharnos?*

—Haz lo que te digo y no saldrás lastimada —aseveró. Entonces puso una de sus manos dentro de sus calzoncillos y luego colocó su otra mano sobre mi cabeza, me empujó y me puso justo frente a él. Quería gritar, pero cuando intenté hacerlo, no emití sonido alguno—. Si le cuentas a alguien sobre esto, te mataré.

Estaba tan asustada. Lo único que pude hacer fue tratar de evitar el ruido que hacía mi llanto. Después quedé ahí tendida, sintiéndome sucia y totalmente sola.

Nunca le conté a mi mamá. Pensaba todo el tiempo en lo que ese hombre dijo sobre matarme. Y eso no ocurrió una sola noche. De ahí en adelante empezó a abusar de mí en todas las formas imaginables. Al principio fue un par de veces por semana, pero a medida que me fui haciendo mayor, sucedía casi todos los días. Sin importar la cama en la que terminara durmiendo, parecía que lograría colarse e iría a encontrarme. Estaba tan asustada que llegó el momento en que ni siquiera quería irme a dormir. A veces intentaba permanecer despierta hasta tarde y me ocultaba en un clóset. Si no podía encontrarme, entonces quizá se olvidaría de hacerme todas esas cosas asquerosas. Esa era mi esperanza, pero en general no servía.

LAS MAÑANAS ERAN caóticas en nuestra casa. A veces podíamos lavarnos los dientes y a veces no. Cuando podíamos, lo hacíamos, pero eso sucedía un par de veces por semana. El interior de mi boca siempre se sentía sucio y pegajoso.

—Ven acá, Eddie —decía a mi hermano mientras intentaba meter el cepillo en su boca. Al tiempo que intentaba lavarle los dientes a Eddie, Freddie, Mikey, cerca de otros seis de mis primos más pequeños corrían y jugaban por todas partes. A menudo nos quedábamos sin ciertas cosas, como jabón y dentífrico, así que luego de terminar con Eddie, en general no quedaba suficiente pasta en el tubo para los demás.

Después de lavar los dientes de uno de los niños, ayudaba a Mikey, que no podía bañarse solo. "¡Gracias, Mi-chel!", me decía con una enorme sonrisa luego de lavarle el pelo, secar su cuerpo delgaducho y haberle sacado de la tina. Tenía muchas dificultades para pronunciar ciertas palabras, incluido mi nombre, pero siempre fue el niño más dulce.

Si teníamos comida en casa, desayunábamos. Por lo común mis hermanos comían un tazón del cereal *Fruity Pebbles*. Era la marca genérica, pero les encantaba.

"*¡Fruity Pebbles! ¡Fruity Pebbles! ¡Fruity Pebbles!*", canturreaban a veces los gemelos por la mañana, mientras corrían en el piso de arriba vestidos con su ropa interior de Supermán. Ese cereal era una de las únicas cosas que comían. No podía creer la poca vergüenza que tenían de ser tan selectivos cuando apenas contábamos con algo para comer. Entonces pensaba que eso era extraño. Deseaba que mis padres tuviesen más dinero para comprarnos las cosas básicas, pero me parecía que ninguno de los dos era capaz de conservar un empleo por mucho tiempo. En alguna ocasión mi mamá tuvo un trabajo estable como enfermera, pero eso no duró. No estoy segura de que mi padre y otros adultos de la casa trabajaran. Lo único que sabía era que el dinero en efectivo nunca era suficiente.

Por lo general yo desayunaba una tartaleta *Pop-Tart*. No me importaba mucho lo que comía, tan solo quería tener *algo* que meter en mi estómago para detener los gruñidos que me provocaba el hambre. Muy pocas veces recibíamos comida caliente. Cuando nuestra estufa estaba descompuesta, intentaba calentar unos ravioles de lata colocando el recipiente contra el radiador. Eso no funcionaba, pero hacía el intento porque quería que mis hermanitos y primos recibieran algo caliente para variar. Una vez logré calentar unas salchichas sobre el radiador.

—Vengan chicos —les dije, tratando de reunir a todos los pequeños—. Siéntense en el piso y coman.

Los alineé sobre la alfombra sucia y pasé una a una las salchichas, que no estaban muy calientes. Ni siquiera teníamos pan para las salchichas. Hot dogs, fideos *ramen*, cereal, espagueti o ravioles enlatados: esas eran las cosas que siempre comíamos. La mayoría provenía de una lata o de una caja.

Todos los días, antes de ir a la escuela, ayudaba a mis hermanos a vestirse. Por lo común Freddie saltaba por toda la habitación y cantaba. Eddie, que solía imitar a Freddie, a veces se unía a la fiesta. Aunque eran idénticos, no tenían la misma vestimenta. Apenas podía conseguir un conjunto completo de ropa para cada uno de ellos, mucho menos algo que fuera igual. Cada vez que entraba en la habitación donde habitualmente dormían, su ropa estaba por todas partes; camisas, calzoncillos y calcetines, tirados sobre el piso. Siempre tenía que limpiar lo que tiraban.

Luego de vestirlos y recoger algunas de sus cosas, se iban a la escuela, que era diferente a la que yo acudía. Después me cepillaba el cabello, que llevaba a la altura de los hombros, mirándome con dificultad en el espejo a través de mis anteojos de fondo de botella (desde que recuerdo tuve problemas de la vista), y me iba a tomar el autobús.

La mitad del tiempo apenas asistía a la escuela. Faltaba cuando menos uno o dos días por semana. La primera escuela que puedo recordar es la Mary Bethune, creo que estaba en segundo o tercer grado de primaria. Era frecuente que mi madre fuera a la escuela para sacarme de clases. La excusa era una cita con el médico o el dentista, o alguna otra especie de compromiso: la muerte de un familiar o el casamiento de alguien. Luego debía compensar las tareas que no había hecho y que, para ese momento, eran toneladas. Odiaba retrasarme así. Por alguna razón sentía que me sacaban de la escuela con más frecuencia que a mis hermanos, y lo único que quería era estar en mi clase y ser normal, como los demás niños.

Cuando llegaba a ir a la escuela me sentía como una idiota. Pedía a otros niños, *¿puedes pasarme las tareas de la semana pasada?*, y si alguien las compartía conmigo, las escribía y hacía mi mayor esfuerzo por hacer el trabajo en casa. La principal razón por la que odiaba hacer tareas era porque faltaba a tantas clases. Ese fue el motivo por el que terminé reprobando algunos cursos. Para cuando tenía doce años y estaba a punto de cumplir trece, ¡apenas había conseguido pasar el quinto año de primaria! Siempre era la niña de mayor edad en mi clase y eso era muy desagradable.

Aparentemente, varios de mis maestros se preocupaban por mi mal desempeño. Un par de ellos intentaron que me quedara luego de clases para ayudar a regularizarme. Pero eso resulta difícil si solo vas a clases dos o tres días por semana. ¿Para qué tomarse la molestia si volverás a rezagarte?

Un año, una de las maestras que sabía que yo estaba a punto de reprobar, me preguntó si todo estaba bien en casa. Pensé durante un segundo y luego le respondí que sí. Por agradable que fuera la maestra, sabía que no podía contarle la verdad de lo que estaba pasando.

Nadie era mi amigo. Y lo digo en serio: *nadie*. Cuando estaba en cuarto grado me acerqué a una niña en la cafetería de la escuela e intenté presentarme. Le dije:

—Hola, soy Michelle—, y extendí la mano para estrechar la suya, pero ella se alejó de mí con gran rapidez.

—¡Ohhh, te apesta el aliento! —gritó.

Me sentí totalmente humillada. Eso me detuvo en mis intentos de hablar con otros chicos, así que me escondía al fondo del aula en todas mis clases. Cuando la maestra me preguntaba algo, no quería hablar. Una vez dijo:

—Michelle, ¿cuál es la capital de Ohio?

Aunque sabía la respuesta, no quise decirla en voz alta porque tenía dificultades para pronunciar algunas palabras.

—Colum... um, es decir, Columbus—intenté decir. Todos se rieron de mí, y yo quería gritarles: ¡No soy una retrasada!, pero creo que eso no hubiera hecho diferencia, porque la gente ya pensaba que yo tenía retraso mental.

Esa maestra intentó que los demás fueran amables conmigo.

—Niños, no es bueno reírse de otras personas —señaló.

Podía ver que sentía compasión por mí. Ella y otros pocos maestros trataron de lograr que otros niños fueran mis amigos.

—¿Por qué no te sientas con Michelle y compartes su libro? —dijo alguna vez mi maestra de lectura a una niña de mi salón.

—¡Puaj! ¡Huele chistoso! —respondió la niña.

La maestra la regañó y la obligó a ir hacia mí y sentarse conmigo, pero cada vez que la maestra nos daba la espalda, mi compañera se apretaba la nariz. Los demás niños reían y yo quería que la tierra me tragara.

Hubo numerosas ocasiones en que los otros niños se burlaban de mí cuando los maestros no estaban cerca. En los pasillos me gritaban: "¡Eres una tonta!" y "¡Apestosa!". Una vez, un niño en mi clase de matemáticas me dijo que era una "fea retrasada". No lo miré.

—La única manera en que un hombre te llegue a querer es si pone una bolsa sobre tu cabeza —añadió.

Actué como si no me importara. Pero sí me afectó. Odiaba mi propio aspecto, con mi pelo sucio y mis ropas de segunda clase. Tenía un olor extraño. Además de que mi desempeño escolar en casi todas las materias era horrible: principalmente seis y cinco de calificación.

En comparación conmigo, la vida de los demás chicos parecía mucho mejor. En primer término porque vestían ropa de marca. Algunos de ellos también eran pobres, pero mi familia parecía estar en circunstancias aún peores.

Muchos de los adultos de mi vecindario vivían de la beneficencia pública, pero algunos iban a trabajar. Con frecuencia veía grupos de mujeres que, vestidas con uniformes de enfermeras o sirvientas, esperaban en la parada de autobús. Mis padres no nos permitían ir a casas de otros niños, así que no sabía a qué se dedicaban las demás mamás. Creo que mucha gente de la zona vendía drogas, ¡pero cuando menos sus hijos recibían comida suficiente y un poco de ropa decente gracias a eso! Yo solo contaba con dos o tres cosas que ponerme. Y permítanme decirles que no eran de marcas reconocibles. Vestía con camisetas de los años sesenta que conseguíamos de las organizaciones de caridad.

Un par de veces, algunos niños de la escuela fueron amables conmigo. Una niña intentó regalarme un poco de dinero, pero lo rechacé. Le di las gracias, pero le dije que no era necesario. No creí que fuera correcto tomar su dinero. Y no fue porque quisiera ser mi amiga, sencillamente le di pena; y cuando intenté saludarla en otra ocasión me dio la espalda.

Había otra niña que tampoco tenía gran cantidad de dinero. Siempre llegaba a la escuela oliendo mal. Estábamos al mismo nivel: no hablaba con nadie porque los demás niños no se le acercaban. Un día le llevé un desodorante de mi casa y le dije:

—Ten, ve a limpiarte un poco —lo tomó y me dio las gracias.

La clase de actividades artísticas era la única que me gustaba. Esa maestra era la única que parecía interesada en mí. Cuando vio uno de mis dibujos me dijo que pensaba que tenía un don. En esa clase dibujaba todas las cosas que soñaba. Dibujaba las grandes casas donde deseaba haber vivido. Dibujaba familias sentadas alrededor de la mesa durante la cena. También hacía dibujos de niños en el parque con sus padres y bajo un cielo azul, hermosas mariposas y cualquier cosa que pudiera alejar mi mente de todo lo que pasaba en casa.

Por alguna razón también me encantaba dibujar lobos. Creo que son los animales más bellos que haya visto alguna vez. En cuarto año de primaria dibujé un montón de lobos en cada una de las páginas de uno de mis cuadernos con espiral. Aunque en casa tenía que cambiar continuamente de habitaciones, siempre llevaba conmigo todos mis cuadernos y lápices. Eran las únicas cosas que me pertenecían.

También me encantaba la música. En una de las asambleas escolares, todos los niños se pusieron de pie a cantar el Himno Nacional Negro de Estados Unidos: *Eleva toda voz y canta hasta que retumben cielo y tierra, hasta que retumben con la armonía de libertad. Que el regocijo se alce hasta los oyentes cielos y que estalle sonoro como el ondulante mar.* ¡Esa canción me daba escalofríos! Aún ahora lo hace. A veces, durante las noches, cuando me violaba ese hombre que estaba en mi casa, cantaba la tonada dentro de mi cabeza para distraerme de lo que me ocurría.

Cuando estaba en casa escuchaba mucho el radio, principalmente *Rhythm and Blues*. Me encantaban Mariah Carey, Jay-Z, Nas. Me gustaba mucho el ritmo. A veces me sentaba en un rincón y dibujaba, mientras mis primos dormían en otro cuarto. Si no había nadie alrededor, me levantaba del suelo a bailar. Aparte del dibujo, el baile era algo que sabía hacer bien.

Aunque mi desempeño escolar era malo, me gustaba leer y escribir. Mis libros favoritos eran las historias de terror. Todo el tiempo leía novelas de Stephen King, pero no me asustaban, lo que me encantaba era el suspenso y la emoción. Aún ahora sigo leyendo y viendo un montón de libros y películas de terror. Cuando estaba en quinto grado, una vez pasé desde las seis de la tarde hasta temprano por la mañana escribiendo un reporte sobre un libro que me había gustado. Estaba muy orgullosa de lo que escribí, y esa vez por lo menos logré terminar mi tarea.

Cuando no iba a la escuela y me quedaba en casa, tenía que cuidar a mis primos. Aunque mis padres estuvieran en casa, seguían encargándome esa tarea. Muchos de mis primos eran muy pequeños y yo siempre tenía que cuidar de todos. Había una multitud de primos en la casa: Danielle, Christopher, April, Ricky, Eugena, además de otros.

En algún momento llegaron dos bebés, a quienes mi padre puso los sobrenombres de Kiki y Rah Rah. Tenían uno y tres años. Su piel era color caramelo y su cabello estaba muy ensortijado. Creo que eran la hija y el hijo de un familiar que no podía cuidar de ellos. Nadie me dijo qué les había pasado, pero debía cuidar *mucho* de esos niños. Todos los días peinaba los rizos de Kiki y le hacía colitas, y luego prendía el cabello de Rah Rah en trenzas africanas.

Cuando Kiki quería que llenara su biberón con leche me decía: "¡Ba-ba! ¡Ba-ba! ¡Ba-ba!". Mientras Rah Rah jugaba en el suelo con un camioncito de juguete, yo colocaba a Kiki en mi regazo y le daba a tomar su biberón. Los dos eran muy adorables, aunque siempre necesitaban que les cambiara los pañales malolientes.

Algunas veces la pasaba bien con mis hermanos y primos. Una vez le hicimos una broma a mamá el Día de las Madres. Todos salimos afuera y conseguimos una enorme piedra. Le atamos cordel alrededor para que pareciera una rata cubierta de piel. La coloqué junto a mamá sobre su almohada y cuando despertó, nos dijo:

—¿Quién puso esta cosa aquí?

¡Caímos al piso, rodando de risa! Ninguno confesó quién lo había hecho, pero estoy bastante segura de que ella sabía.

En ocasiones, Eddie, Freddie y yo veíamos juntos televisión. Nos encantaba un programa que se llamaba *Kenan & Kel*. Kel era ese adolescente que decía: "¿A quién le gusta la gaseosa de naranja? ¡A Kel le encanta la gaseosa de naranja! ¿Es cierto? ¡Oh sí, sí que sí, es cieeerto! ¡Me gusta, me gusta, meee gusta!". Cada vez que oíamos eso nos moríamos de la risa.

De todos mis primos, con la que mejor me llevaba era April, que tenía tres o cuatro años más que yo. Por alguna razón éramos muy afines. Ella tenía un empleo de medio tiempo y por esa razón tenía dinero adicional para comprar ropa. Sabía que yo no tenía gran cosa, así que compartía algunas de sus prendas conmigo. Una vez incluso me dejó usar unos pantalones sensacionales que tenían estampado de piel de leopardo. Me dijo que me los probara porque creía que se me verían bien.

También me sacaba de paseo; mis padres me dejaban caminar con ella hasta el restaurante Arby's, porque estaba en nuestro barrio. Mi prima me decía que pidiera lo que quisiera y sacaba unos cuantos dólares de la bolsa trasera de sus *jeans*. Por lo común ordenaba papas fritas, eran muy sabrosas, en especial bañadas con salsa picante. April me parecía genial, sobre todo porque me sacaba de casa.

Un verano, cuando tenía once años, April me ofreció llevarme a patinar a una pista que estaba a unos quince minutos de distancia a pie.

—Vayamos a la pista de hielo —dijo—. ¡Ambas necesitamos salir de esta casa y divertirnos un poco!

Asentí emocionada. Al principio mis padres no querían que fuera porque no tenían dinero.

—Yo tengo un poco de dinero extra —les dijo April—. Yo lo pago.

Me puse unos *shorts* de mezclilla y una camiseta blanca sin tirantes. Al llegar, April pagó los cinco dólares de cuota por cada una de nosotras y me puse los patines, que eran talla 2. Traté de patinar, pero me caí media docena de veces directamente sobre mi trasero.

—¡Lo estás haciendo muy bien! —me decía April todo el tiempo—. ¡Sigue tratando!

Hacia el final de la noche, un chico gordo me cayó encima.

—¡Levántate! —gritaba April, intentando parar de reír, pero no podía evitarlo.

Cuando me incorporé con gran dificultad, yo también empecé a reír a carcajadas. De camino a casa reímos un poco más. Esa fue una de las pocas veces que me sentí como una niña normal, que podía hacer cosas normales. Amaba a April por dejarme ir con ella y olvidar todo lo demás que pasaba en mi vida.

~~~

CUANDO CUMPLÍ ONCE años me bajó la regla. Pero no sabía que eso era la menstruación, porque desde que tenía cinco años había sangrado por la vagina. Y para el tiempo en que cumplí los once, las cosas malas que me habían hecho empezaron a empeorar. Y empeoraron mucho.

Podían ocurrir en cualquier parte. Como en el sótano o en cualquier cama de la casa. Después de que terminaba, me quedaba ahí, meciéndome de un lado a otro. Después me levantaba e iba al baño, donde simplemente me quedaba sentada sobre el escusado, con la sangre fluyendo de mí. No sé qué le decía a Dios, pero llegué a rezar pequeñas oraciones. Pensaba que, por si acaso Dios realmente estaba allá arriba, haría el intento. Pero si Dios estaba aquí, no entendía por qué no detenía a ese hombre. La mayor parte del tiempo me sentía tan triste y miserable que me acostumbré a sentirme así.

Para cuando cumplí quince años y vivíamos en una casa color amarillo canario en Tremont, me harté completamente de toda mi situación. Quería hacer algo para detener el abuso:

cualquier cosa. Pero no tenía la fuerza suficiente para quitarme de encima a ese hombre. En ese tiempo yo apenas pesaba 34 kilos.

Así que una noche, poco antes del día de Acción de Gracias, puse dos pastillas para dormir dentro de su vaso de licor. Mientras él bebía su *bourbon* y veía una película porno, fingí estar dormida. Esperaba con todas mis ansias que me dejara en paz, aunque fuera una noche, y así lo hizo. El televisor estaba con un volumen muy alto. Al terminar la película, la pantalla se puso azul y él se empezó a dormir. Ahí fue cuando deslicé mi cuerpo por debajo de la sábana hasta el pie de la cama y esperé mucho tiempo.

Cerca de la medianoche, él ya estaba roncando. Con el mayor cuidado posible me levanté de la cama. Fui a un rincón oscuro de la habitación y me quité el camisón. Me puse mi atuendo favorito: *jeans* negros y mi camiseta con un lobo al frente, a la que le había cortado las mangas para que se vieran mis hombros. Justo cuando estaba metiendo la camiseta sobre mi cabeza, el tipo hizo un ruido. Me quedé congelada y contuve el aliento.

Unos segundos después ya estaba roncando de nuevo. *Eso estuvo cerca,* pensé. Me apuré a ponerme los calcetines y mis tenis azules. Luego entré de puntitas a la habitación donde estaban durmiendo Eddie y Freddie. Más temprano ese día había ocultado mi mochila púrpura en su clóset. Verifiqué que estuvieran realmente dormidos y luego tomé las correas de mi mochila. Estaba pesada porque había metido toda la ropa que pude encontrar, incluso un par de camisetas de mis padres. También metí por la fuerza una delgada cobija de lana que puse hasta arriba. Lo último que guardé en la mochila fue un montón de lápices que había obtenido en la clase de arte, un pequeño sacapuntas y cuatro cuadernos con espiral. No tenía un abrigo que ponerme.

Para ese momento ya sabía cómo iba a escapar, lo tenía planeado. Me puse la mochila alrededor de los hombros y fui al baño del primer piso, porque había gente dormida en la sala. Desde la ventana del baño se podía ver el patio. Con la mayor fuerza que tuve, intenté abrir la ventana. Empezó a crujir y luego se atoró, pero finalmente logré abrirla.

Me paré sobre el asiento del retrete y me asomé afuera. Pensé: *No puedo creer que esté haciendo esto.* Estaba muy nerviosa de caerme y romperme una pierna. *¿Alguien podría oírme?* Contuve el aliento porque no quería que nadie despertara y me descubrieran. Saqué una pierna a la vez y me deslicé fuera de la ventana, desde donde salté al pasto.

No cerré la ventana ni miré atrás hacia esa casa. No pensé en la posibilidad de que alguien me hubiera visto escapar. Para ese momento sentía que a mi familia no le importaba un comino. Me parecía que si alguna vez intentaban encontrarme y llevarme de regreso a casa, no sería más que por una razón: para que estuviera al pendiente de todos esos niños.

En la oscuridad, caminé por mi calle y di vuelta en un callejón. No tenía la menor idea de a dónde iba o de qué haría después. De hecho, no tenía un verdadero plan, lo único que sabía era que debía alejarme de esa casa. De ese hombre. De esa vida. El golpe del aire frío se sentía como mil puñaladas. El lugar al que estaba a punto de dirigirme sería mucho más helado que eso.

3

Bajo el puente

⟶⟶

—CORAZÓN, ¿QUÉ ESTÁS haciendo aquí afuera y sin abrigo?

Al salir el sol, un hombre negro y alto estaba parado a las puertas de una iglesia bautista en el centro de Cleveland. A unos cuantos pasos de distancia sobre la acera me le quedé viendo. Su pelo tenía un corte triangular y llevaba un grueso bigote. Me brindó una gran sonrisa y me indicó con la mano que me acercara a la entrada.

—¿Sabes? Deberías venir adentro —continuó—, puedes comer algo con nosotros.

Tenía las manos entumecidas por el frío y me acerqué a la puerta. Justo a la entrada del templo había unas escaleras que conducían hacia abajo a un comedor, donde había más o menos doce indigentes parados en fila. Tomé mi lugar al final de esta y fue así que comenzó el Día de Acción de Gracias. *Al fin,* pensé, *¡voy a tener algo que comer!*

Había vivido en la calle durante toda una semana. Después de dejar mi casa aquella noche, caminé por un par de horas. Quería alejarme lo más posible para no toparme con alguno de los vecinos o amigos de mis padres. Por fin llegué a un pequeño parque y encontré una pila de periódicos que alguien dejó sobre una banca. Los distribuí debajo de la banca y me acosté ahí como si fuera una pequeña cama. Usé mi mochila como almohada. Tenía mucho sueño, pero cuando eres un indigente, en realidad no puedes dormir. Siempre temes que un desconocido llegue en la oscuridad para robarte o clavarte un puñal. Dormité un par de veces durante esa noche. Pero cada vez que escuchaba un auto que pasaba o una asquerosa rata que rascaba en un bote de basura, abría los ojos de inmediato.

A la salida del sol me dediqué a caminar durante todo el día. Mantenía la cabeza baja e intentaba no mirar directo a nadie. ¡No quería que alguna ancianita me detuviera y llamara a la policía porque pensara que era una niña de ocho años! Ese es el problema de ser de estatura pequeña: sin importar tu edad, la gente siempre piensa que eres una niña pequeña. Y a los quince años, todavía *era* una niña. Tan solo era una niña que no quería volver a casa.

Mientras caminaba, pensaba en cómo podría vivir en las calles. Para ser capaz de lograrlo, sabía que debía juntar algunas cosas. De modo que un día, deambulando por el vecindario, vi un bate que algún niño había dejado olvidado al frente de una casa. Sin siquiera pensarlo, lo tomé. Esa noche regresé al parque y dormí con los diez dedos aferrados al mango del bate. Esta era mi nueva arma. *Si alguien trata de atacarme, ¡le dejaré fuera de combate!*

Después de pasar otras tres noches bajo la banca, supe que necesitaba encontrar un lugar más caliente. Me estaba congelando hasta los huesos. Para protegerme del frío me había puesto toda la ropa que llevaba en mi bolsa y rodeé mis hombros con la delgada manta de lana. Pero aún después de eso, el frío seguía penetrando todas esas capas. Y también estaba bastante asustada —más bien *aterrada*— de dormir sola en el parque. Así que con el bate firmemente agarrado con mi mano, empecé a deambular por las calles para buscar un sitio donde pudiera acomodarme. Así fue como encontré el puente.

A decir verdad, no era realmente un puente; era más como un cruce elevado en la vía rápida. De hecho, tuve que deslizarme un poco sobre el césped en una pendiente pequeña y muy inclinada para lograr meterme debajo. Una vez que logré llegar ahí, supe de inmediato que esto era justo lo que había estado buscando. Era privado. No había policías y tampoco veía que hubiese ningún otro indigente alrededor. Cada vez que un automóvil pasaba a gran velocidad por la vía rápida que estaba encima de mí, el cruce se zarandeaba. *Mejor aún*, pensé. Me imaginé que el fuerte sonido de los motores ahogaría cualquier ruido que yo hiciera.

Al llegar la noche, coloqué mi mochila y el bate sobre una pequeña fila de ladrillos que estaba debajo del cruce elevado, y dormí por cinco horas seguidas. Sí, es peligroso que una niña duerma bajo un puente, ¡pero me parecía muchísimo más seguro que dormir en una banca del parque! Además, cuando has tenido que dormir junto a un degenerado, no estás acostumbrada a sentirte segura. Mi esperanza era que el puente estuviera en las afueras de la ciudad, pero sabía que no estaba demasiado lejos de donde vivían mis padres. Tenía la impresión de que anteriormente mi papá nos había llevado en el auto a pasear por esa zona. Solo esperaba que estuviera a suficiente distancia para que no me encontraran.

Cuando desperté esa noche, busqué por todo el vecindario cercano otra cosa que pudiera utilizar para protegerme. En el patio trasero de una de las casas había un enorme cubo de basura de plástico azul que tenía una tapa. *Claro que sí*, pensé. No había luces encendidas en la casa, así que me arriesgué a ir por él pensando que todos los habitantes habrían salido por un momento. Incliné el bote para vaciarlo y lo arrastré por el patio hasta la acera. Casi era de mi altura, así que tuve muchas dificultades para cargarlo. Tenía que ser cuidadosa de no hacer ruido para no despertar a los vecinos. Finalmente logré regresar a la colina cubierta de hierba. Rodé el bote hacia abajo por la pendiente hasta que vi que se detuviera, entonces gateé detrás de él.

Más tarde, esa misma noche convertí el bote de basura en mi dormitorio; lo recliné de lado para poder deslizarme dentro. Una vez ahí, extendí la cobija para cubrirme. Lo único que sobresalía eran mis pies. El ambiente dentro del bote era un poco más cálido, pero seguía estando frío. Los dientes me repiqueteaban y mi estómago gruñía. Me pregunté qué estaría sucediendo con Eddie y Freddie, que quedaron en la parte trasera de la última casa donde nos mudamos. *¿Quién cuidará de ellos? ¿Quién se asegurará de bañar y alimentar a Mikey?*

Para distraerme, saqué un cuaderno y un lápiz de mi mochila. Sostuve el papel cerca de mi rostro en esa profunda oscuridad y dibujé una de mis cosas favoritas: una mariposa; o cuando menos eso creí haber dibujado. Cuando miré la hoja a la mañana siguiente, no se parecía mucho a una mariposa, más bien se veía como algo que un niño de dos años hubiese garrapateado sobre el papel.

Para cuando llegó el Día de Gracias, me estaba muriendo de hambre. Aparte de un sándwich de pavo que había robado de una tienda un par de días antes, y de unos cuantos mendrugos que había encontrado aquí y allá, no había comido ni una migaja. Para ser franca, había olvidado que era Día de Gracias. Cuando vives en las calles tiendes a perder la noción del tiempo. No es como si tuvieras un calendario, además, no tenía reloj. De cualquier modo, esa mañana pasé por casualidad junto a la iglesia bautista. El delicioso aroma de comida que salía por la puerta principal me hizo agua la boca. Esa fue la verdadera razón por la que me detuve.

—¿Cómo te llamas, corazón? —preguntó el hombre negro y alto después de que le seguí escaleras abajo hacia el comedor de la iglesia.

—Me llamo Michelle. —No quise verlo directo a los ojos porque sentía vergüenza del mal olor que despedía mi cuerpo. No me había bañado desde que salí de casa siete días antes. Mi pelo castaño, cortado a la altura de los hombros, estaba enmarañado de un lado, mientras que del otro salía en picos. Mi camiseta negra estaba llena de pelusas y caspa.

—¿Sabes qué? —me dijo—. Quizá tenga un abrigo de tu talla. Después de que comas, ¿por qué no vienes conmigo y echas una mirada?

—Gracias —respondí mirándolo a los ojos por un segundo. Durante un breve instante me pregunté por qué estaba siendo tan amable conmigo, pero luego me di cuenta de que simplemente era el estilo de gente amigable que se encuentra en las iglesias.

Me atiborré con el *buffet* estilo sureño. El pollo frito y crujiente estaba tan delicioso que casi se derretía en mi boca. Le entré con ganas al puré de papa, a la salsa, al relleno y a la jalea de arándanos. Cuando tomé un poco de macarrones con queso al horno, col silvestre y maíz, pensé que había muerto y había llegado al paraíso. ¡Y los bollos! Debo haber devorado cinco o seis. Por alguna extraña razón no había pavo, pero no me importaba. Comí tanto que tuve que desabotonar mis pantalones. En cuanto engullí el primer plato, regresé por más. Y luego una tercera vez. No quería parecer abusiva, pero no sabía cuándo podría volver a comer de nuevo. Y todo estaba tan delicioso; parecía la mejor comida que hubiera tenido en mi vida.

Mientras devoraba otro bizcocho, el hombre con el corte de pelo triangular se detuvo a mi lado.

—La gente dice que me parezco a Arsenio Hall por mi peinado —bromeó—. ¿Crees que me parezco a Arsenio?

Sonreí, asentí con la cabeza, y di otro mordisco a mi comida.

—Vete con calma, querida —dijo—. ¡Si comes tan rápido te hará daño!

Yo reí con la boca llena de pan.

Cuando terminó la cena, Arsenio cumplió su promesa; fue a un cesto con ropa usada y sacó un abultado saco de color naranja que tenía una capucha. Era cuando menos tres tallas más grande y colgaba más allá de mis rodillas. Pero cuando me lo regaló, fue como si me hubiera entregado un cheque por un millón de dólares. Fue increíble regresar al puente con una prenda adicional de ropa, además del estómago lleno. También me quedó un poco de esperanza de que, tal vez, ese asunto sobre Dios no fuera un montón de estupideces.

Ese día, quienes trabajaban en la iglesia nos despidieron con otro regalo: una bolsa con cosas que habían donado las organizaciones de caridad locales. Incluía un peine, una pequeña botella con champú, un cepillo de dientes y un pequeño tubo de dentífrico. ¿Pueden imaginar lo que se siente no cepillarte los dientes por *varios días*? Sentía como si me hubiera untado una barra de mantequilla dentro de la boca. Era asqueroso. Llevé la bolsa de regalos a mi bote de basura y la guardé hasta el fondo. Quería asegurarme de que nadie robara mis nuevos bienes.

Esa noche en la cena de Acción de Gracias, uno de los voluntarios anunció que la iglesia regalaba una comida gratis todos los días de la semana, alrededor de las cinco de la tarde. *Estupendo*. Esa fue la principal razón por la que regresé a la tarde siguiente. Y a la siguiente y así de ahí en adelante. De hecho, apenas pasaba un día en que Arsenio y los demás miembros no me vieran caminar apurada por la calle tratando de llegar a tiempo para cenar (como dije, ¡no tenía reloj!).

Incluso empecé a acudir los domingos por la mañana. No servían comida a esas horas, pero había música. Y era simplemente hermosa. Me quedaba en la parte trasera del templo mientras el coro entonaba "Angel of Mine". Nunca había escuchado nada parecido. Sus voces envueltas en la melodía elevaron mi espíritu y, por unos cuantos minutos, pude olvidar mi situación desesperada. Cuando esos hombres y mujeres cubiertos con túnicas se mecían y cantaban, me colmaba una sensación de calidez y felicidad. Me sentía tranquila y sosegada, hasta animada. La gente que estaba en los bancos giró para sonreír tanto a mí como a los demás. En ese momento me sentí conectada con cada una de las personas que estaban en ese templo. *Si existe el cielo*, pensé, *así es como debe sonar el coro*.

—¡Ven aquí niña! —dijeron una mañana un par de mujeres al verme de pie en la parte trasera de la iglesia. Sus sonrisas me parecieron muy amables, pero al principio no quería sentarme al lado de nadie. Sin embargo, luego de un par de semanas, empecé a escurrirme a la última banca para escuchar los servicios religiosos. Supuse que era probable que estando tan atrás, nadie pudiera olerme. Después de eso empecé a lavarme un poco en el pequeño baño individual de la iglesia antes de entrar al servicio.

¿Cómo puedes darte un "baño" en el sanitario de una iglesia? Permítanme explicarles. Primero cierras la puerta con llave. Luego consigues un montón de toallas de papel y después, si eres de baja estatura como yo, vacías el basurero y lo arrastras hasta el lavabo para poder subirte en él. Desde ahí abres el grifo, metes la cabeza bajo el chorro de agua y te enjuagas lo mejor posible. Todo el tiempo rezas por que nadie toque a la puerta o te pregunte por qué tardas tanto.

Rápidamente usas las toallas de papel para secarte el pelo y la cara. Luego mojas más toallas para limpiar las áreas más olorosas de tu cuerpo. Después de eso regresas el cesto de basura a su lugar, levantas todo el papel que dejaste tirado en el piso y lo arrojas al bote de basura. Antes de salir, tomas otro montón de toallas de papel que usarás para meter en tu ropa interior cuando te baje la regla. Luego entras a hurtadillas al templo con el pelo todavía un poco mojado y con la esperanza de que a continuación el coro entone "Angel of Mine".

Podría haberme dado un baño rápido en los sanitarios de McDonald's, pero no quería arriesgarme. Imaginé que si me bañaba en la iglesia, no me expulsarían si alguien se daba cuenta de que lo estaba haciendo. Por lo general, la gente que acude a la iglesia es demasiado amable como para hacer eso. De hecho, quizá algunas de las señoras sabían lo que estaba haciendo dentro del baño, pero nunca dijeron nada al respecto. La mayoría de los fines de semana podía limpiarme un poco en su baño. Además podía comer mucho de su delicioso pollo frito y escuchar la mejor música que haya oído en mi vida.

～✦～

MI PLAN DE mantenerme apartada de los demás había funcionado: nadie me molestó bajo ese puente. Pero una noche ,ya tarde, todo eso cambió.

—Puedo ver que necesitas dinero.

Debe haber sido más de la medianoche cuando escuché la voz de un hombre desde el interior de mi bote de basura. Abrí los ojos de inmediato, tomé mi bate y me deslicé al borde del cubo de basura, sacando solo la cabeza. Estaba lista para saltar y estrellar mi bate contra quien fuera.

Un hombre estaba parado ahí. Por lo poco que podía ver en la oscuridad, parecía como una mezcla de negro y latino. Tenía puestos una chaqueta de cuero negro, unos *jeans* holgados y tenis, y medía alrededor de 1.80 metros.

—Espera un momento, no tienes que hacer eso —dijo cuando se percató de que tenía las manos aferradas al bate—. No te voy a lastimar.

Lo miré directo a los ojos.

—¿Cuántos años tienes? —preguntó.

No sé por qué le respondí, pero lo hice.

—Tengo quince. ¿Por qué quieres saberlo?

Bajo la luz de la luna pude ver que tenía una de las sonrisas más blancas y brillantes que jamás haya visto.

—Por cierto, me llamo Sniper[1] —dijo—. Podría tener un trabajo para ti, pero necesito saber qué edad tienes.

Imaginé que una persona indigente solo podría recibir dos ofertas posibles: un trabajito que implicara sexo o uno que tuviera que ver con drogas.

—Creo que no tengo que preguntarte de dónde viene tu nombre —dije—. ¿Vas por ahí golpeando gente o qué?

—Eres muy graciosa —respondió él entre risas.

No le veía la gracia, especialmente cuando un desconocido invadía mi espacio. No estaba segura de si debía salir de mi cubo de basura y tratar de huir, o si debía quedarme dentro con la esperanza de que se fuera. Pero no me daba la impresión de ser una persona violenta, así que decidí quedarme un minuto más dentro del cubo.

—Vendo hierba y éxtasis —añadió— y busco una mula.

No sé si quiero meterme en algo como esto. Podría ponerse feo, pensé; pero estaba en la absoluta pobreza. Me moría de

---

[1] "Francotirador". (N. de la T.)

hambre y de frío, y estaba desesperada por conseguir dinero. Quizá pueda hacerlo por un tiempo para conseguir un poco de efectivo y tener mi propio lugar donde vivir.

—¿Por qué no vienes conmigo para que platiquemos? —preguntó.

Me arrastré para salir del bote de basura y me puse de pie, trastabillando un poco porque tenía las piernas dormidas debido al poco espacio que tenía para dormir. Metí mis cosas dentro de mi mochila, me até la cobija de lana a la cintura y me le quedé viendo a Sniper.

—¿Cómo te llamas? —interrogó, mirándome de arriba abajo, como suele hacer la gente cuando intenta averiguar si soy una enana.

—Me llamo Michelle.

—Sígueme —dijo.

No estoy segura de por qué sentí confianza en él; simplemente tuve la corazonada de que no me causaría daño. Sería lógico pensar que debería haber estado muerta de susto y, en retrospectiva, debería haberlo estado. Pero estaba tan harta de dormir en un bote de basura y de no tener nunca lo suficiente para comer que estaba desesperada. Así que seguí sus pasos por la pendiente de césped.

Al otro lado del cruce elevado me condujo hasta donde estaba estacionado su automóvil. Las ventanas estaban totalmente polarizadas, una señal definitiva de que en realidad era traficante de drogas. Luego abrió la puerta trasera y me indicó con la mano que me subiera, y lo hice.

—Voy en camino a cerrar un trato —comentó—. Quiero que te quedes muy quieta en el asiento trasero, ¿me entiendes? —asentí—. No hay ninguna razón para que sepan que estás conmigo. Después te llevaré a mi casa. —Cerró la puerta, abrió la portezuela del conductor y se deslizó detrás del volante. Al encenderse la luz del interior del auto vi que probablemente tendría cerca de dieciocho años.

Transitamos cerca de media hora antes de que Sniper frenara para detenerse. Salió del coche y empezó a conversar con un grupo de hombres. Pude oír que hablaban con rapidez en español, pero no entendí ni una palabra. Abrió la cajuela y entregó un paquete grande a los hombres. *Debe ser hierba*, pensé. Después de unos veinte minutos regresó al auto y giró la cabeza sobre su hombro para mirarme.

—¿Sigues allá atrás? —preguntó, a lo cual asentí—. Vámonos de aquí —afirmó y volvimos a transitar durante un rato hasta que subimos por una rampa para automóviles.

Al salir del auto, Sniper me condujo por la rampa y abrió la puerta delantera de la casa. Me detuve un momento. *Aún no conozco a este sujeto. ¿Qué pasará dentro de su casa?* Pero decidí arriesgarme. Imaginé que no podría ser mucho peor en comparación con lo que había pasado durante los primeros quince años de mi vida, así que di un paso al frente.

—Bienvenida a casa —dijo Sniper.

Miré en torno a la sala. El sitio estaba decorado de una manera exagerada. Tenía una cascada y una pecera. Las paredes eran de un blanco brillante y olía a pintura fresca.

—Déjame llevarte a la planta alta, al cuarto donde te quedarás —añadió—. Yo dormiré en el sofá y te daré mi dormitorio. —Al tope de las escaleras me señaló una puerta a la derecha—. Otro muchacho que se llama Roderick se queda en la otra habitación —prosiguió—. También es una mula. Después te lo presento. —No sabía con exactitud qué haría una mula de drogas, pero sí podía ver que conseguiría algo a cambio de ello: un sitio caliente donde dormir.

La habitación de Sniper estaba tan engalanada como el resto del lugar. Su cama tenía un edredón con estampado de cebra y sábanas blancas de un material sedoso. Sobre el colchón de tamaño matrimonial había un enorme espejo de techo e imaginé cuál era su propósito. El baño que estaba justo afuera del dormitorio tenía una gran tina circular con una cortina de color rojo y negro.

—Aséate —me dijo y me entregó una toalla, una barra nueva de jabón y un par de piyamas de mujer que, según él, su hermanita había dejado ahí. Me pregunté si en algún momento también tuvo a otra niña como mula y qué le había sucedido a ella—. ¿Necesitas algo más? —preguntó.

Sentí que la cara se me ponía roja de vergüenza al señalar entre mis piernas. Él me miró con ojos extrañados y luego contestó:

—Ah, ya entiendo. Ahora mismo regreso.

Unos minutos después escuché que salía en su auto. Volvió con una caja de tampones y me los entregó. Supuse entonces que había ido a una farmacia de veinticuatro horas.

Después de que salió del cuarto, me quité los *jeans* asquerosos y la camiseta que tenía el estampado del lobo. Luego abrí el grifo de la regadera, me metí dentro de la tina y me coloqué debajo del chorro de agua. Me quedé ahí una hora. Cuando no has podido bañarte durante semanas, se acumula gran cantidad de mugre. El agua caliente que se deslizaba por mi cuerpo y se arremolinaba en el desagüe continuó totalmente negra durante los primeros veinte minutos.

—¿Todo está bien ahí dentro? —gritó Sniper desde la habitación.

—Estoy bien —grité en respuesta—. Solo es que estoy muy sucia.

—Ah, bueno. Estaré allá abajo por si necesitas algo.

Una vez que me puse la piyama de lunares, que era demasiado grande para mí, me deslicé bajo el mullido edredón. El colchón era increíblemente suave y yo no había dormido en una cama desde hacía semanas. *¿Esto será verdad?*, pensé. *¿Estoy realmente aquí? ¿Este chico seguirá tratándome con la misma amabilidad o se volverá contra mí y me atacará?* Aunque me sentía nerviosa, también estaba tan agotada que me hundí en el colchón y de inmediato me quedé dormida.

A la mañana siguiente desperté con el aroma de salchichas fritas. Sniper subió la escalera dando grandes pasos y golpeó a mi puerta.

—Buenos días, Michelle —indicó—. Baja cuando estés lista para desayunar.

Bajé al comedor y vi a un chico de cabello oscuro que estaba sentado a la mesa. Su piel tenía el color oscuro de las nueces y era increíblemente delgado. Imaginé que sería Roderick.

El chico me hizo un comentario, pero no supe qué decía. Su acento árabe era tan cerrado que al principio era difícil interpretar las palabras.

—Está preguntando cómo te llamas —intervino Sniper con una risita.

—Me llamo Michelle —respondí al muchacho—. Es un gusto conocerte.

Cuando me contestó pude entender que decía: "Hola Chapo".

—Así es como te llamaremos aquí: Chapo —añadió Sniper—. Eso quiere decir *pequeño* en español. —No me importó. De hecho, el sobrenombre se me quedó de ahí en adelante.

Durante el desayuno, Roderick me compartió un poco de su propia historia. Unas cuantas veces tuve que pedirle que repitiera las cosas, pero luego de un tiempo me acostumbré a su acento. Tenía dieciséis años. Había estado sobreviviendo en las calles desde que tenía trece. En aquel entonces su madre le había echado de casa porque él se había negado a regresar al hogar familiar en Arabia Saudita. Es posible que haya dicho la razón por la que no quería regresar, pero si acaso lo hizo, no presté atención a esa parte. Unos cuantos meses después de quedar sin hogar, Sniper se le acercó igual que hizo conmigo. Desde entonces había vivido con Sniper y trabajaba para él.

Esa noche, los tres nos quedamos pasando el rato en el gran sofá rojo de la sala y viendo juntos una película; algo que nunca había hecho con mi familia. Me sentía tan bien de pertenecer a un grupo, aunque todavía no supiera cuál sería mi papel.

—Mañana te conseguiremos una pistola y te enseñaremos a disparar —comentó Sniper, mientras los créditos de la película pasaban por la pantalla. Me le quedé mirando fijamente—. Ahora que ya estás instalada, es momento de que hagas tu primer trabajo —añadió. Mientras tanto, Roderick mantuvo fijos los ojos en la pantalla del televisor.

Al regresar a la habitación, subí a la cama y me cubrí por completo con el edredón de estampado de cebra. Mientras estaba acostada ahí mirando mi reflejo en el espejo del techo, pensé en el sitio bajo el puente y en el bote de basura que habían quedado atrás. Me pregunté qué estarían haciendo Eddie, Freddie y Mikey. Me pregunté si el coro de la iglesia bautista cantaría mi himno favorito ese domingo. Y, por supuesto, pensé en cómo se sentiría sostener una pistola. Eso me llenaba de miedo.

4

En fuga

꘏

SNIPER ME ENTREGÓ un revólver Glock calibre .22; la primera pistola que sostuve en mi vida.

—Necesitas aprender a protegerte —me dijo—. Quiero estar seguro de que te protejas. Voy a llevarte a un sitio donde podré enseñarte a usarla.

No sé si se percató de ello, pero cuando dijo eso respingué, en serio. *¿Espera que le dispare a alguien?*, me pregunté ansiosa.

Esa tarde subimos a su automóvil. En el asiento trasero llevaba un blanco que había hecho con un trozo de cartón. Nos dirigimos a una zona boscosa en un lugar despoblado; un sitio donde nadie escucharía los disparos. Salimos del coche y caminamos hacia unos árboles en un área descampada. Sniper ató el cartón al tronco de un árbol y luego me mostró cómo colocar el revólver para dar en el blanco.

—Sostenlo así, con ambas manos. Asegúrate de equilibrarte sobre los dos pies y después apúntalo hacia el blanco —de pronto tiró del gatillo. *¡Bang!*

El sonido de la bala que salía del arma provocó que casi me orinara en los calzones. Sniper no atinó al centro, pero pegó bastante cerca. Entonces me entregó el arma y dijo:

—Es tu turno.

Me paré en el mismo lugar donde él disparó y apunté al blanco. *¡Bang!* Después de varios intentos atiné al borde del cartón.

—Bien. Hazlo de nuevo —afirmó Sniper—. Me hizo practicar con unos cuantos disparos más antes de irnos.

De regreso a su casa pasamos por la zona cercana a donde vivían mis padres. *Me pregunto si siguen ahí,* pensé. Pero no iba a averiguarlo. A pesar de los cristales polarizados, me deslicé lo más abajo posible para asegurarme de que nadie me viera. El día anterior, cuando Sniper me preguntó por qué vivía en las calles, le conté lo que había soportado en esa casa. Escuchó sin decir palabra. Cuando terminé de hablar, solo movió la cabeza en actitud de desaprobación.

—No entiendo cómo pudieron tratar a una niña de ese modo —comentó—. No fue correcto que te hicieran pasar por todo eso. Tienen suerte de que no los encuentre y les meta un tiro en este preciso momento.

Cuando Sniper hablaba de ese modo no me sentía como su mula. Me sentía más como una hermanita: segura y protegida.

Sniper provenía de una familia más o menos decente; cuando menos su madre tenía un empleo estable y me contó que nunca sufrió maltrato físico. No le había dicho a su familia que se dedicaba a vender drogas, pero estoy segura de que debían imaginarlo, ya que nunca los invitaba a su casa y siempre tenía mucho dinero. Por alguna razón, Sniper había abandonado los estudios cuanto tenía quince años. Pero me parecía que era muy inteligente, porque tenía mucha labia y sabía conducirse ante los demás. Aparte de eso, supuse que debía tener conexiones como para operar esa clase de negocio.

—Deberías haberte quedado en la escuela —le dije una vez.

—¿Por qué haría algo así? —me refutó—. Puedo ganar mucho más dinero haciendo lo que hago. —No tuve respuesta ante eso.

Esa noche después de mi clase de tiro, Sniper me habló sobre lo que implicaba mi nuevo trabajo. Primero iría a un edificio, un centro nocturno o un complejo de apartamentos, por lo general una zona de la ciudad donde hubiera mucha droga. Estando ahí, tendría que identificar a las personas que podrían querer una droga específica. Luego volvería al auto, donde Sniper me estaría esperando con la mercancía. Le diría cuál droga y la cantidad que me habían pedido, y el precio que el cliente estaría dispuesto a pagar. Si Sniper consideraba que el asunto sonaba bien, yo regresaría con la mercancía.

—Sin importar lo que hagas —me advirtió—, nunca, pero nunca, entregues las drogas hasta que te hayan dado el dinero.

Dijo que si surgía cualquier problema, debía irme de ahí lo más rápido posible. ¿Y si la situación se ponía realmente fea? Bueno, pues esa era la razón de que tuviera la Glock. También me entregó un localizador.

Una semana después llegó la noche de mi primer trabajo. Intenté que Roderick me contara cómo le había ido desde que estaba con Sniper, pero cada vez que sacaba el tema, se quedaba en silencio. Creo que quiso protegerme y no deseaba asustarme. "Estarás bien, Chapo", respondía Roderick. Y yo esperaba que tuviera razón.

Ese viernes por la noche, Sniper metió su automóvil en la cochera y llenó la cajuela con bolsas de diferentes tamaños con mariguana.

—Vaya, eso sí que es un montón de hierba —le dije.

Según él mismo comentó, debe haber tenido ahí unos 50,000 dólares en mariguana. Nos metimos al coche y nos dirigimos a un edificio que estaba a unos quince minutos de distancia. Yo llevaba una camiseta azul marino de manga larga, *pants* grises y una chamarra negra suficientemente grande como para cubrir la enorme cangurera cuadrada que me había colocado alrededor de la cintura. Con las manos temblorosas, le puse el seguro a la pistola y la deslicé dentro de mi ropa interior. Nos estacionamos en un callejón. Mientras bajaba del auto, Sniper me recordó la consigna: *Sin dinero no hay drogas.* Tragué saliva y asentí.

La noche era muy oscura. Me sentía increíblemente nerviosa mientras trataba de mantener cerrada la chamarra. Encontré la ruta hacia el patio del edificio de departamentos. Miré hacia arriba y vi a una docena de personas sentadas en los escalones. Todos parecían estar fumando; el patio estaba lleno de humo y del olor a mariguana. Cuando vi a un tipo blanco de mediana edad y de aspecto desaliñado que hacía un cigarro, caminé hacia él. Sus pupilas estaban muy dilatadas y tenía los ojos rojos. Olvídense de lo mariguano, parecía más un adicto al crack.

—Hola —susurré—, ¿quieres un poco más de eso que estás fumando?

Él siguió haciendo el cigarro y apenas levantó la vista hacia mí. Con ansiedad me humedecí el labio inferior con la lengua.

—A ver niña, espérame —dijo por fin. Se puso de pie sobre la escalera y desapareció por una de las puertas de entrada de uno de los departamentos. Un momento después regresó con una joven rubia. Ella inclinó la cabeza de lado y me miró directo al rostro. Parecía incluso más drogada que él.

—Queremos una bolsa grande —dijo finalmente el hombre.

—¿Cuánto puedes pagar? —pregunté.

Hizo una pausa y continuó:

—Quinientos dólares.

Mierda, pensé, *¿de dónde saca esa cantidad de dinero esta gente?*

Corrí hacia el automóvil de Sniper y le informé lo que querían. "Muy bien", fue lo único que respondió. Se dirigió a la cajuela, escarbó entre las bolsitas de mariguana que valían 25 dólares y extrajo una bolsa de mayor tamaño. Me la entregó y la escondí dentro de mi chamarra y me dirigí de vuelta a las escaleras donde me esperaba la pareja.

—Primero dame el dinero —dije al hombre. Mi voz temblaba un poco.

—¡Claro que no! —gritó. Algunos de los vecinos nos miraron—. Dame la hierba y luego tendrás tu maldito dinero.

Mi pulso se aceleró. Podía sentir la fría culata del revólver que estaba en mi ropa interior.

—No puedo hacerlo —respondí en voz baja—. Primero dame el dinero y te doy la hierba. Así es como son las cosas.

Pero el hombre seguía pidiendo la bolsa y fue aumentando cada vez más el volumen de su voz.

—¡Dame la hierba! —gritó. Cuando se puso de pie y avanzó hacia mí, supe que solo podía hacer una cosa: salir corriendo.

Di vuelta a la esquina y de un salto trepé dentro del automóvil.

—No… me… quisieron… dar… el dinero —dije mientras intentaba recuperar el aliento.

Sniper se me quedó viendo.

—¿Qué quieres decir?

—Traté de que el tipo me diera primero el dinero, como me dijiste, pero quiere que primero le dé la hierba.

Sniper pensó por un momento.

—Yo me ocupo —afirmó—. No quiero que te lastimen.

Le describí en detalle a la pareja para que pudiera localizarla con facilidad en la entrada del edificio. Sniper tomó la bolsa y salió del coche, mientras yo esperé. Regresó quince minutos después, y ya no traía la bolsa de hierba. Sacó cinco billetes de cien dólares del bolsillo de su abrigo y me los mostró.

—A veces tienes que ponerte un poco rudo —exclamó.

Cuando dio la vuelta a la esquina del edificio, solo verlo debe haber sido suficiente para meterle el susto de su vida a la pareja. Así que el hombre entregó el pago.

—Vamos, salgamos de aquí —dijo Sniper y encendió el auto. Mi corazón latía a mil por hora.

Durante las siguientes dos semanas así fue como funcionaron las cosas con Sniper y Roderick. Por la noche los tres hacíamos nuestras rondas y de día éramos como una pequeña familia. Jugábamos billar, *pinball* y baraja en el sótano de Sniper y reíamos hasta que nos dolía el estómago. Ayudé a Roderick con su acento (igual que yo, no podía pronunciar ciertas palabras), y él reía con disimulo cada vez que le llamaba por el apodo que le puse: Flor. Debido a su cultura, Roderick era virgen. Siempre decía que se mantendría virgen hasta encontrar a la mujer más linda del mundo. Era un chico muy dulce.

Roderick y yo estábamos juntos todo el día, pero nunca hubo una chispa romántica entre nosotros. Era como un hermano para mí. De hecho, cuando le dije que yo tenía sangre árabe, me dio un regalo especial.

—Esta es una pañoleta que me dejó mi madre —dijo mientras sostenía frente a mí un lindo *hiyab* azul, que es un velo que cubre la cabeza, y llevan las mujeres musulmanas tradicionales—. En nuestra cultura, cuando a una niña le baja la menstruación, recibe esta pañoleta. Ahora eres mi hermana, así que quiero regalártela.

Incliné la cabeza para que pudiera colocar el velo sobre ella.

—Gracias Flor —respondí y ambos nos sonrojamos un poco.

A cambio de nuestros servicios, Sniper nos daba a Roderick y a mí un sitio donde vivir y una porción de sus ganancias. En general, ambos terminábamos con cerca de trescientos dólares en efectivo cada semana. Utilizábamos parte de nuestro dinero para pagarle a Sniper cuando nos compraba comida o un paquete de cervezas. (Sniper nunca nos dejaba usar drogas porque insistía en que no se puede tener éxito en ese negocio si uno se vuelve drogadicto. ¡Pero sí teníamos una buena cantidad de alcohol!).

Sabía que las drogas que vendíamos y entregábamos estaban arruinándole la vida a la gente, pero por mucho que odiara vender hierba e ir a lugares que me asustaban, no lo odiaba tanto como a la terrible sensación de miedo y soledad, y a la depresión, y a las horas que había pasado dibujando lobos y cielos azules mientras me congelaba dentro de un cubo de plástico para la basura. Por primera vez en mi vida me sentí realmente importante. Incluso amada.

Unas semanas después, la policía arrestó a Sniper no muy lejos de su casa. Roderick, quien estaba con él, se las arregló para alejarse sin que los policías lo detectaran.

—¡Tenemos que salir de aquí rápido! —me dijo Roderick luego de apresurarse para llegar a casa. En menos de quince minutos metí todo lo que pude encontrar dentro de mi mochila púrpura. Me puse los zapatos y el abrigo, tomé un osito de peluche que Sniper me había comprado, y salí a toda prisa por la puerta del frente sin siquiera cerrar con llave.

No teníamos a dónde ir, así que llevé conmigo a Roderick a mi lugar bajo el puente. Lo crean o no, mi basurero seguía ahí.

—Bonita recámara, Chapo —dijo Roderick, pateando el cubo—. Pero debes saber que no puedo dormir ahí contigo porque eres mujer.

En su cultura, compartir una cama con una chica con la que no se está casado se considera una falta de respeto, inclusive algo escandaloso; sin importar que haya portado armas y haya vendido mariguana durante meses.

Ese mismo día, Roderick consiguió su propio bote de basura. Su basurero no tenía tapa. Lo colocó junto al mío, extendió su manta en el interior y se introdujo en él. Roderick tenía una estatura mayor a 1.80 metros, así que sus piernas sobresalían mucho más del borde que las mías.

Aunque entre los dos teníamos suficiente efectivo como para pagar la renta de un mes en un departamento pequeño, por el momento queríamos conservar nuestro dinero.

—Quedémonos aquí un tiempo hasta que averigüemos qué hacer —dijo Roderick, y yo de inmediato coincidí.

Aún no habían pasado dos semanas, cuando una tarde salí de mi bote de basura y subí por la pendiente de césped. Roderick me siguió. Yo quería regresar a la iglesia bautista para ver si seguían regalando comida. También quería que Arsenio conociera a Roderick. Justo cuando salía de nuestro escondite, en la calle que pasaba por encima de nosotros vi a una mujer que reconocí. Era una amiga de mis padres y estaba segura de que me había visto el rostro. *¡Maldición!*

Intenté regresar, pero Roderick estaba justo detrás de mí y no quise golpearle de lleno en la cara con mi pie.

—¡Oye, Michelle! —gritó la mujer—. ¡Eh, niña, ven aquí!

Entré en pánico y le dije en voz baja a Roderick que regresara. Pero era demasiado tarde. Después de tomar nuestras cosas de los basureros para podernos ir del puente (¡qué estupidez… debimos haber dejado todo ahí!), corrimos colina arriba hacia una de las calles cercanas. Cuando estábamos dando vuelta a una esquina, mi padre pasó en su auto junto a nosotros.

—¡Sube al coche! —gritó. La mujer había llamado por celular a mi padre y le dijo dónde me había visto, y él salió de inmediato a buscarme.

Mi padre saltó a la calle y me arrastró al automóvil. Me metió por la fuerza en el asiento trasero y me dio un coscorrón.

—¡Eso te enseñará a no escaparte de nuevo! —gritó. Podrán imaginar el problema que enfrenté al llegar a casa.

Cuando Roderick vio que mi padre venía en el auto hacia nosotros, se asustó y corrió por una calle lateral. Mi padre no lo persiguió, lo único que le interesaba era regresarme a casa. Nunca más volví a ver a Roderick.

5

A la espera

FINALES DE febrero, luego de que mi padre me sacó de abajo del puente para llevarme por la fuerza a la casa, mi madre me reinscribió en la escuela. Con dieciséis años, se suponía que debía estar en séptimo grado, pero me sometieron a una prueba, la cual pasé de manera milagrosa, y los maestros me ubicaron en noveno grado. Mi regreso a la escuela fue como retornar a la misma pesadilla de la que había escapado, pero esta vez fue aún peor. ¿Por qué? Porque ya sabía cómo se sentía ser libre y me habían forzado a regresar a mi prisión. Mis compañeros de escuela seguían siendo malvados y mis calificaciones seguían siendo terribles, así que empecé a faltar a clases. Nadie quiere sentarse al fondo del aula y sentirse estúpido y humillado, y así era como me sentía.

En casa, el miembro de mi familia que me había violado seguía viviendo con nosotros, al igual que un montón de otros familiares cuyo número alcanzaba ahora cerca de quince personas. La noche después de regresar a casa inició de nuevo el abuso sexual.

—¿Creíste que podrías escaparte de mí, zorrita? —susurró el hombre a mi oído y luego deslizó su babosa lengua por mi oreja. Me aparté con asco, pero él me mantuvo abrazada.

Cada vez que se montaba encima de mí, intentaba desconectarme del abuso, de mi vida y de mí misma. Llegó el momento en que logré no percatarme de que estuviera encima de mí. Podía conseguir que mi cerebro fuera a un sitio muy lejano, como una isla exuberante o un atardecer con tonalidades sonrosadas. Esta situación se presentó cuando menos tres veces por semana durante los siguientes dos años. Me asombra que nunca me haya embarazado.

Una tarde durante el segundo año de bachillerato, estaba sentada, sola como siempre, en el comedor de la escuela. Estaba a punto de comer mi hamburguesa con queso a la que había bañado con mi salsa picante favorita, cuando escuché una voz que me decía:

—¿Cómo estás? —Levanté la vista y vi a un chico que a veces saludaba en la escuela. En mi caso era una rareza que saludara a cualquiera, pero él me parecía un poco guapo.

El joven, a quien llamaré Erik, era parte blanco y parte negro, medía cerca de 1.80 metros y tenía una nariz de botón que me parecía de lo más linda. Sus brazos eran musculosos. Ese día llevaba unos *jeans* y una camiseta verde militar.

—Te ves un poco triste —dijo—. ¿Estás bien?

Le lancé una mirada de incredulidad. Él jaló una silla y se sentó al otro lado de la mesa. Yo llevaba una deslucida camisa con botones, a la moda de los años sesenta, que era uno de los tres atuendos deslucidos que poseía y usaba constantemente hasta que se volvían harapos. También llevaba un par de zapatos a rayas. ¡Ah, cómo *odiaba* esos zapatos!

—Sin importar lo que suceda en tu vida —continuó con actitud seria—, Dios te ama. Siempre estará a tu lado.

El chico me dejó fría. Tomé una papa frita y empecé a mordisquearla. *Quizá sea uno de esos fanáticos religiosos*, pensé, y seguí comiendo papas hasta que finalmente se levantó y se fue.

Varios días después estaba en la biblioteca, sola de nuevo, releía una de mis novelas favoritas de Stephen King, cuando

Erik se me acercó. Fingí no darme cuenta de su presencia y enterré la cabeza todavía más dentro del libro.

—Así que ese es el estilo de libros que te gusta leer: historias de terror —comentó.

Sonreí y apenas levanté la vista. Solo porque me parecía guapo pregunté acerca de él a un par de compañeras de clase. Averigüé que formaba parte del equipo de futbol americano y que estaba en último año de bachillerato.

—¿Te gusta la poesía? —preguntó al ver la pila de poemas que estaba sobre la mesa frente a mí. Yo asentí—. ¿Podrías leerme algo que hayas escrito? —sentí que me subía la sangre al rostro.

—Bueno —contesté—, supongo que sí.

Busqué entre las hojas y saqué el poema que consideraba mejor. La última línea decía algo relacionado con el deseo de ser amada.

—¿Por qué te sientes así? —preguntó Erik. Me encogí de hombros y regresé el papel al montón de hojas.

Durante las siguientes semanas, Erik y yo empezamos a faltar a clase, y lo hacíamos con frecuencia. Por extraño que me haya parecido él al principio, era la única persona de la escuela que me prestaba atención. Cuando estaba con él me sentía bonita. Aunque mi ropa fuera horrible, siempre me decía que me veía bien. Los compañeros nos miraban cuando caminábamos juntos por los pasillos. Era obvio lo que pensaban: ¿qué está haciendo con *ella*?

Una tarde que Erik y yo nos salimos de clase, me llevó junto a los casilleros y en ese preciso momento oficializó la relación diciendo que me amaba.

Le miré fijamente a los ojos, sin creer lo que decía. Antes de que pudiera responder, me dio un largo y profundo beso. Yo tenía diecisiete años y era la primera vez que alguien me daba un beso de amor o me había dicho esas palabras. Era la mejor sensación del mundo.

Di a Erik el número telefónico de mi casa porque yo no tenía un teléfono celular. Pero cuando me llamaba por las noches, por lo general no podía contestarle. O bien perseguía por toda la casa a los niños que tenía que cuidar, o intentaba evitar al familiar que abusaba de mí.

—¿Por qué no regresaste mi llamada? —solía preguntar al día siguiente. Nunca tuve una buena respuesta, hasta que una vez empezó a presionarme en serio por una explicación, y finalmente le dije la verdad; o cuando menos parte de esta.

—Erik, hay algo que necesitas saber de mí —dije—. Hay muchas cosas en mi pasado.

—¿Qué quieres decir con eso de que hay muchas cosas en tu pasado? —cuestionó.

—Bueno —contesté y me aclaré la garganta—, mi situación en casa es horrible.

—Mereces que te amen —respondió—. Quisiera poder llevarte a mi casa para que vivas conmigo.

También yo lo hubiera deseado. Según me había contado Erik, sus padres lo amaban sin condiciones. Lo trataban bien. Le compraban ropa a la moda y se aseguraban de que todas las noches tuviera algo de cenar al volver de la escuela. Y ni una sola vez alguien lo golpeó directo en la cara o abusó sexualmente de él. En las noches, mientras me violaban, a veces soñaba en cómo sería tener dentro de mí a Erik y sentirme adorada en vez de despreciada. Cerca de un mes después de iniciar nuestra relación, supe cómo se sentía eso.

Un viernes por la tarde Erik y yo faltamos a clases. Tuvimos relaciones por primera vez. Las cosas se pusieron apasionadas muy rápido y finalmente lo hicimos. Sucedió ese día y tres veces después. Era tan maravilloso estar cerca de alguien porque quieres estarlo. Amaba a Erik. También amaba poder estar con él porque quería hacerlo y no porque me forzara.

Unas cuantas semanas después empecé a sentir náuseas, además de estar agotada. Decidí hacerme una prueba de embarazo. Estaba aterrada. ¿Qué haré si estoy embarazada? ¿Cómo podré mantener a un bebé? Esa noche me hice la prueba. Cuando vi la franja azul, me confirmó lo que ya sabía: estaba embarazada.

Dejé la tira reactiva sobre la mesa, me cubrí la cara con las manos y lloré durante una hora. ¿Qué iba a hacer ahora? Quería decirle a Erik que estaba embarazada, pero no era tan sencillo. No mucho tiempo después de la cuarta ocasión que estuvimos juntos, una chica me dijo:

—Tú sabes que Erik tiene una novia, ¿verdad?

Por un minuto no pude hablar.

—¡No sabes lo que estás diciendo! —reclamé finalmente—. No puede ser cierto.

Pero sí lo era. Una joven a quien llamaré Cassie, y que iba a otra preparatoria, me llamó a casa de mis padres; me encontró en una de esas raras ocasiones que podía responder el teléfono.

—¿Bueno?

—Me llamo Cassie —escuché una voz aguda al otro extremo de la línea—. Encontré tu número en el teléfono de Erik.

—¿Quién habla? —pregunté.

—No sé si estás enterada —comenzó—, pero Erik y yo hemos estado saliendo en los últimos meses. —Me quedé muda y ella colgó.

Durante la siguiente hora me dediqué a llorar a lágrima viva. De pronto entendí lo que significaba la expresión *penas del corazón*. Sentí como si alguien me hubiera perforado el corazón con mil alfileres.

Empecé a evitar a Erik en la escuela. Cuando nuestras miradas se cruzaban en el salón de clases o en el comedor escolar, la expresión de su rostro lo decía todo: sabía que su novia me había revelado su secreto. Un par de compañeras me dijeron que después de que Cassie lo descubrió, él empezó a minimizar nuestra relación. Una de las chicas incluso me dijo que Erik había comentado: "Michelle nunca fue mi novia. Solamente era alguien con quien me divertí un par de veces". Nunca le pregunté a Erik acerca de eso pero, por su manera de tratarme, me daba cuenta de que quizá era cierto. No podía creer que hubiera caído en su engaño, pero así de grande era mi deseo de ser amada.

Un par de semanas después de la revelación de Cassie, finalmente terminé la relación con Erik. No fue una conversación larga, sino un rápido: "Creo que ambos sabemos que esto se terminó". Quería acabar con eso lo más pronto posible, como cuando te quitas de un tirón un vendaje que cubre una herida. No le dije a Erik que estaba esperando bebé; no creí que mereciera saberlo debido a cómo actuaba conmigo. Pero sí tuve que comunicar la noticia a mi madre. Unas semanas después reuní el valor para decírselo. Sabía que no le agradaría la noticia y que probablemente no quisiera que tuviera al bebé, pero le dije que esa era mi decisión, y no la suya.

Por asustada que pudiera estar, nunca pensé en practicarme un aborto. Esperaba que cuando menos el bebé me amara, porque en ese momento estaba segura de que nadie en el mundo lo hacía.

6

Osito amoroso

A MEDIDA QUE me iba sintiendo más agotada por el embarazo, apenas podía levantarme de la cama. Y era vergonzoso presentarme a clases cuando empezó a crecerme la panza. Así que, para el final del décimo grado, abandoné los estudios. Estoy segura de que mis compañeros apenas se dieron cuenta de que me había ido.

Cerca del quinto mes de embarazo, mis padres se separaron, y mi padre se fue de la casa. No sé por qué lo hicieron, pero habían estado discutiendo sin cesar desde hacía como un año. Luego de que él se fue, las cosas fueron un poco más pacíficas.

Cuando dejé la escuela, me la pasaba sentada todo el día y veía televisión o leía libros de Stephen King. Afortunadamente, debido a que estaba todo el tiempo enferma y me iba poniendo cada vez más gorda, mi madre fue un poco más tolerante conmigo en cuanto a mis responsabilidades en casa. Para ese momento, el familiar que abusaba de mí empezó a dejarme en paz. Después de tantos años, me harté lo suficiente como para tomar la determinación de defenderme.

—Déjame —le increpaba cada vez que intentaba forzarme. Aunque era pequeña, podía patear y empujar con bastante fuerza, y cuando luchaba contra él para quitármelo de encima, a veces funcionaba.

Estaba emocionada con la llegada del bebé y me entusiasmé aún más cuando una enfermera me dijo que era varón.

Pero también estaba muy asustada. Mientras el televisor estaba encendido con el montón de telenovelas, seguidas del programa de *Judge Judy*, que era lo que solía ver por las tardes, mis pensamientos corrían a mil por hora. *¿Qué haré para conseguir dinero? ¿Cómo podré mantenerlo? ¿Podré conseguir mi propia casa? ¿Quién me contratará sin un certificado de preparatoria? Y si consigo un empleo, ¿quién cuidará del bebé?* No tenía ninguna de las respuestas, pero sí sabía que lo correcto era tener a ese niño. Desde mi perspectiva, el bebé que crecía en mi vientre era un regalo de Dios para mí.

Después de sufrir abuso por tantos años, seguía estando indecisa acerca de Dios. ¿Existía? ¿No existía? No estaba cien por ciento segura de ello. Pero si existía y era suficientemente bueno como para darme un hijo al que adorar, entonces decidí que podría bastar como compensación por todas las dificultades que había atravesado durante mis primeros dieciocho años. Cada noche, antes de dormir, me acariciaba el vientre mientras cantaba una cancioncita que escuché una vez en la iglesia bautista: *Ahora que me dispongo a descansar, ruego al Señor mi alma resguardar. Si he de morir antes del alba, ruego al Señor se lleve mi alma.* Era una oración sencilla y una melodía muy bella, y también era el llamado a un Dios que esperaba fuera real.

Pocas semanas antes de la fecha del parto, empecé a pensar en nombres. Elegí uno que realmente me gustaba: Juliano. Pero cuando le comenté a mi familia, no les gustó. "No le des un nombre extranjero", comentó uno de mis familiares. Así es como terminé eligiendo otro nombre que también me gustaba mucho: Joseph. De cariño le llamaría Joey.

Mi hijo llegó prematuro por un mes. Una noche estaba sentada dentro de la tina cuando se me rompió la fuente. Mi madre me llevó de prisa al hospital. El parto fue largo; por más que me esforcé por pujar, parecía que el niño simplemente no quería salir. Al final escuché su llanto. Una enfermera lo limpió, lo envolvió en una manta blanca y me lo entregó.

Miré a mi nuevo bebé. Joey eructó y luego abrió sus diminutos ojos.

—Dios mío, es tan hermoso —dije. Tenía mi rostro y la pequeña nariz de su padre. Solté una risita. —¿Cómo estás pequeño Joey? —pregunté. Lo amé desde su primer eructo.

El 24 de octubre de 1999 llegué finalmente a una determinación: si pude recibir un regalo como este, tenía que haber un Dios. Siempre pensaré que el nacimiento de Joey fue el momento más feliz de toda mi vida.

MI OSITO AMOROSO, así es como llamaba a Joey la mayor parte del tiempo. Cada vez que arrullaba a mi hijo junto a mi pecho, se sentía tibio y deseaba abrazarlo. Así que cada vez que lo levantaba de la cama empecé a decirle "hola mi osito amoroso", y se le quedó ese apodo.

Joey era el bebé más tierno. A menos que tuviera hambre o necesitara un cambio de pañal, rara vez lloraba. Él y yo compartíamos una pequeña habitación en el segundo piso, y luego de un par de meses, ya dormía toda la noche. No tenía dinero suficiente para una cuna, de modo que lo tenía conmigo en la cama, que tenía un colchón individual y estaba contra una de las esquinas del cuarto. Después de envolver con todo cuidado a Joey en una cobija azul, le cantaba mientras lo mecía. Una de sus melodías favoritas parecía ser "I Will Always Love You", la exitosa canción de Whitney Houston. Cada vez que le cantaba esa canción, me miraba con los ojos bien abiertos.

Joey creció con rapidez. Como yo no tenía trabajo, dependía de los cheques de la seguridad social. Al cumplir los dieciocho años establecieron contacto conmigo de manera directa. No era suficiente, pero cuando menos tenía un poco de dinero para comprar pañales y la fórmula para bebé. Hubiera deseado alimentar a Joey únicamente con leche materna, pero debido a una medicina que me dieron los médicos después de que nació, no pude hacerlo.

No mucho después de que mis padres se separaran, mamá empezó a ver a otros hombres. Con el tiempo, se fue haciendo frecuente en casa la presencia de un hombre de origen latino. Le llamaré Carlos; parecía bastante decente, bueno, por lo menos de inicio. Cuando Joey tenía seis meses de edad, Carlos se mudó a la casa.

～≍

A MEDIDA QUE Joey fue pasando de sus primeros balbuceos de bebé a gatear y a caminar, los dos nos divertíamos mucho. Le encantaba la película de *101 Dálmatas*, y la veíamos juntos. Y amaba cantar conmigo; siempre le estaba enseñando canciones. Realmente le gustaba "Las ruedas de los autobuses". Una tarde estaba jugando con una ollita y una cuchara de juguete.

—¿Qué haces mi amor? —dije sonriendo.

—¡Esqueti! —gritó, intentando decir espagueti. Luego levantó la cuchara y la golpeó contra su manita. Hacíamos la broma de que cada vez que comíamos espagueti con albóndigas, él intentaba robar una de mis albóndigas y yo fingía no saber a dónde se había ido. Reíamos a carcajadas mientras yo buscaba la albóndiga por todas partes.

Más tarde esa noche, después de bañarlo, de ponerle loción en todo el cuerpo y de empezar a abrochar su mameluco, se puso de pie y comenzó a saltar por toda la habitación al ritmo de la canción que tocaba el radio.

—Ven acá osito amoroso —llamé. Regresó a mi lado para que terminara de abrocharle la piyama—. ¡Eres un chiquito muy sonso! —Él simplemente me sonrió de oreja a oreja.

Me encantaba pasar las fiestas de fin de año con Joey, en especial porque mi familia nunca había celebrado realmente. En la Navidad de 2001 Joey tenía dos años. Tomé parte del dinero de mi cheque de seguridad social y fui a la tienda local de Family Dollar para comprarle unos regalos. Joey me pedía constantemente un árbol. Para ser franca, no tenía dinero para comprar regalos y un árbol, así que intenté hacer uno yo misma, reuniendo ramas y hojas de las calles y uniéndolas a un poste con pegamento. Tenía un aspecto bastante triste, pero a los dos años, Joey en realidad no sabía la diferencia. "¡Bonito!", dijo cuando pegué la última rama unos cuantos días antes de Navidad. Ambos nos quedamos admirando nuestro árbol.

No envolví los regalos de Joey hasta la noche anterior a Navidad. Estaba tan emocionado que me parecía obvio que se escabulliría para abrirlos. A la medianoche empecé a envolver los regalos en la sala. Un poco después de la una de la mañana, puse finalmente los regalos bajo el árbol improvisado y me acurruqué junto a Joey en la cama, preguntándome qué tan temprano intentaría despertarme.

Menos de cuatro horas después, a las cinco de la mañana, Joey ya estaba completamente despierto.

—¡Mami, mami! —decía saltando sobre el colchón—. ¡Navidad!

Giré de lado y enterré la cabeza bajo una almohada.

—¡Sí, ya es Navidad! —continuó gritando—. ¡*Jingle bells, jingle bells*! —cantaba.

Un par de minutos más tarde me obligué a levantarme, me froté los ojos y me coloqué los lentes.

—Muy bien, osito amoroso —dije—. Mami ya está despierta. —Con solo ver su cara tan iluminada fue suficiente para sacarme de la cama.

Primero cantamos juntos tres versos de "Noche de Paz" (Joey solo repetía el nombre de la canción una y otra vez) y luego lo dejé abrir los regalos. Había papel por toda la habitación. Gritó al abrir el primer paquete: "¡Casco!". Asentí y sonreí mientras se colocaba el casco de futbol americano.

—Sí, bebé —respondí—. Supe que te gustaría.

Luego se volvió completamente loco cuando abrió otra caja y encontró un balón de americano.

—¡Súper! —exclamó abriendo mucho los ojos— ¡Más futbol!

Estaba determinada a dar a Joey la mejor Navidad de su vida y antes de que el reloj marcara las seis de la mañana, parecía que lo había logrado.

—¡Gracias mami! —gritó Joey mientras rodeaba mi cuello con sus brazos.

—Te amo —dije y tomé su barbilla con mi mano—. Quiero que siempre lo sepas.

Estaba en completo éxtasis y yo también, cuando menos hasta que llegó enero y me di cuenta del poco dinero que me había quedado después de las fiestas.

7

La pérdida de Joey

~~

EN LA PRIMAVERA de 2002 empecé a buscar empleo… *cualquier* empleo. Buscaba todo el día. Estaba harta de no tener dinero y no quería depender por completo de mi cheque de la seguridad social.

Pedía a mi madre que cuidara de Joey para que yo pudiera ir a recoger solicitudes; en algunas ocasiones ella accedía, entonces, iba a todos los restaurantes de comida rápida de la ciudad para solicitar empleo. Pero cuando mides menos de 1.30 metros, y no puedes siquiera alcanzar la registradora o la máquina de café, nadie quiere contratarte. Estaba dispuesta a tomar cualquier puesto, incluso uno donde me pagaran por debajo del agua. Sabía que mis opciones eran limitadas porque no había terminado la preparatoria. Durante semanas recorrí las calles de Cleveland, pero a principio del verano aún no había tenido suerte.

Una tarde a principios de junio, después de haber estado fuera buscando trabajo, llegué rendida hasta la puerta de mi casa. No había conseguido nada, así que decidí ir temprano a casa, alrededor de las cuatro de la tarde. Cuando entré en una de las habitaciones del segundo piso, vi a Carlos, el novio de mi madre. Estaba tan borracho que arrastraba las palabras. Mi madre, quien yo pensaba vigilaría a Joey, no estaba por ninguna parte.

—¡Ven acá! —dijo Carlos y se me abalanzó.

—¡Mami, mami! —gritaba Joey. Estaba tan asustado que se orinó. Carlos lo vio y tomó a Joey de la pierna derecha. Con un rápido movimiento le fracturó la rodilla.

Los detalles de lo que sucedió después son demasiado dolorosos para describirlos, de modo que los explicaré brevemente. Luego de que llevé a Joey al hospital, quería decirles la verdad sobre cómo se había lastimado, pero estaba aterrorizada de que me lo quitaran si pensaban que no estaba seguro en casa. Así que dije que se había caído en el parque. No pasó mucho tiempo después de haberlo internado en el hospital, cuando un par de trabajadoras sociales del estado se reunieron en el pasillo. Podía escuchar que susurraban.

—¿Podemos hablar con usted, señorita Knight? —preguntó una de ellas, que era una mujer rubia, obesa y de baja estatura. La otra tenía el cabello oscuro y me miraba por encima de sus anteojos.

Mi respiración se hizo más lenta y pregunté:

—Van a quitarme a mi hijo, ¿verdad?

No respondieron de inmediato.

—Sabemos lo que le ocurrió a Joey —afirmó finalmente la mujer rubia, mirándome directo a los ojos. Comencé a llorar. Luego la trabajadora social explicó que Carlos había admitido lo que hizo. Su hermana había llamado al hospital y relató la verdadera historia. Mientras la trabajadora social hablaba, mi llanto se intensificó.

—¡Por favor... no... me quiten... a mi... bebé! —fue lo único que pude decir entre sollozos—. ¡No es mi culpa!

Poco después, el personal del hospital me dio la terrible noticia: una vez que dieran de alta a mi hijo, se le enviaría a un hogar sustituto hasta que se pudiera determinar si su hogar familiar era un sitio seguro para que viviera.

No podía dejar de sollozar.

—No se lleven a mi hijo —lloraba, doblada por el dolor; estábamos en el pasillo y las enfermeras me veían con compasión. Dejé de llorar el tiempo suficiente para comprender lo único bueno que escuché esa tarde.

—Puedes quedarte con él una noche más —dijo una de las enfermeras, y luego me condujo a la habitación de mi hijo.

Joey descansaba en una de esas camas altas de los hospitales. Su piernita estaba envuelta en capas de vendajes blancos.

—¡Mami, mami! —gritó al momento de verme.

Fui al borde de la cama y apreté su mano entre las mías.

—Aquí estoy, osito amoroso —susurré.

Al percibir que estaba renuente a abrazarlo para no lastimarlo, la enfermera se volvió hacia mí y comentó:

—No tengas miedo, está bien que lo sientes en tu regazo, solo ten cuidado. —Yo asentí, y ella salió del cuarto.

No tenía el valor de decirle a Joey que esta sería nuestra última noche que estaríamos juntos, pero sabía que era necesario decirle algo.

—Mami no te verá durante un tiempo, ¿entiendes? —dije a su oído. Con el dorso de la mano limpié una lágrima que se me escapó de los ojos y rodó por mi mejilla izquierda.

Joey me miró preocupado. De algún modo mi hijo sabía la verdad; sabía que "por un tiempo" podría convertirse en "para siempre". Más tarde, esa misma noche, cuando me acosté junto a Joey, lo acerqué a mi pecho. Lo único que percibía eran los latidos de su corazón. En la oscuridad procuré llorar lo más silenciosamente posible.

A la mañana siguiente llevé a Joey a la sala de juegos del hospital. Hicimos juntos un par de dibujos mientras lo sostenía sobre mi regazo. Luego de una hora, escuché en el pasillo el sonido de la estática de los intercomunicadores. La policía había llegado.

—Señora —dijo uno de los policías—, necesita despedirse del niño.

¿Cómo puedes despedirte de un niño que alguna vez vivió dentro de ti? ¿Cómo sales por la puerta? ¿Cómo le explicas a tu hijo que podrían pasar días, meses, incluso años antes de que vea de nuevo a su madre? Abracé con gran cuidado a Joey, intentando evitar que las lágrimas se derramaran por mi cara. Al ponerme de pie para irme, Joey empezó a llorar de manera incontrolable.

—¡No me dejes mami! —gritó—. ¡No me dejes!

—Solo me iré por un tiempo —respondí en el tono más tranquilo que pude lograr—. Pronto estaremos juntos. —Intenté tranquilizarlo arrullándolo entre mis brazos, pero no dejaba de gritar.

—Señora, de verdad tenemos que irnos —dijo el policía. Por la manera en que ese y los otros oficiales se habían hecho a un lado y me habían concedido un poco más de tiempo, sabía que tenían compasión de mí. Me incliné y besé a mi hijo en la frente. Luego los policías me escoltaron fuera de la habitación.

—¡Mami! ¡Mami! —lloraba Joey mientras yo seguía a los policías por el corredor. Mi osito amoroso me estaba rogando, pero yo no podía ni siquiera responderle.

Durante años sufrí abuso a manos de un miembro de mi familia. Había vivido en un bote de basura, bajo un puente y en toda clase de clima como si fuera un animal. Pero nada me pudo haber preparado para la pérdida de mi hijo. Fue lo peor que me había sucedido en mis veintiún años de vida. Esa noche no pude dejar de llorar por el dolor que me provocaba perder a mi hijo. Me pregunté si se le estaba tratando bien en su nueva casa. Me pregunté si tendría miedo, si me estaría llamando, si sus padres sustitutos serían amables y comprensivos, o si serían personas frías. Era una tortura no saber dónde estaba durmiendo mi hijo o cómo se le estaba tratando. Finalmente metí mi puño dentro de mi boca para evitar que los demás habitantes de la casa permanecieran despiertos a causa de mis gemidos.

~~~

VARIOS DÍAS DESPUÉS, caminé cerca de tres horas para llegar a la audiencia en el tribunal. Estaba dispuesta a recorrer cualquier distancia a pie para ver cómo recuperar a Joey. La juez me gritó cuando llegué quince minutos después de la hora pactada. "¡Cada vez que llegue tarde, se tomará en su contra!", vociferó.

Supe que no tendría mucho sentido explicarle que no tenía automóvil. Estaba sin apoyo, sin dinero y sin trabajo. Ni siquiera tenía deseo de seguir respirando si no podía recuperar a mi hijo. La mayor parte del tiempo me sentía confundida, como si alguien me hubiera metido una cuchillada directa al corazón.

En esa audiencia y en las siguientes citas con trabajadores sociales, me enteré de lo que debía hacer para que de nuevo se me considerara como una "madre competente": tendría que demostrar que era capaz de proveer por mí misma un hogar donde mi hijo estuviera seguro y protegido. También tendría derecho de visitas, a las que debería presentarme sin demora. Sería necesaria la presencia de un trabajador social en todas esas visitas, que se programaron una vez cada quince días.

Me mudé de casa de mi madre a una de las habitaciones en el apartamento de mi prima Lisa. Cuando era pequeña, ni siquiera conocía a Lisa; mis padres nunca nos presentaron. Pero cuando tenía alrededor de dieciséis años, ella al fin vino un día a mi casa y en aquel entonces pensé que era una chica maravillosa y muy dulce. Vivía en la avenida Walton, en Tremont, y estaba dispuesta a permitirme rentar uno de sus dormitorios por solo 300 dólares mensuales. Su apartamento estaba bastante cerca de donde vivían Carlos y mi madre, pero en lo que a mí se refería, estaba a un mundo de distancia. Al menos era un lugar seguro. En realidad no tenía el dinero para pagarle la renta a Lisa, pues seguía sin conseguir empleo. Pero sabía que debía hacer todo lo que estuviera en mis manos para alejarme del ambiente de violencia que había conducido a la pérdida de Joey. *Aceptaré el lugar que Lisa me ofrece y después me preocuparé de cómo pagarlo*, pensé. Así que me mudé a su casa.

Lisa, que tenía cerca de diez años más que yo, hizo todo lo posible por hacerme sentir bienvenida. Después de que regresaba de buscar trabajo, a veces ella me cocinaba uno de esos paquetes de fideos *ramen*. Sabía lo deprimida y sola que me sentía, así que pidió a varios de nuestros familiares que vivían en la zona, que me presentaran con los demás vecinos. Una de nuestras primas más jóvenes, llamada Deanna, vivía a unas cuantas manzanas de distancia. Una tarde a fines de junio de 2002, mientras Deanna y yo pasábamos el rato en las escaleras frente a mi edificio, me presentó a una de sus compañeras de escuela.

—Michelle, ella es mi amiga Emily Castro —dijo. Emily me saludó asintiendo con la cabeza. Al igual que Deanna, Emily tenía cerca de catorce años. Tenía cabello oscuro y una linda sonrisa, y en el curso de las semanas siguientes vino de visita en múltiples ocasiones. Según me contó, vivía con su madre a un par de cuadras de distancia. Tenía siete años menos que yo (aunque la mayoría de la gente pensaba que yo tenía doce años, a pesar de que para ese momento ya había cumplido veintiuno), pero eso no me molestaba en absoluto. Era una chica muy amigable. Además, cuando estaba en la escuela, me había acostumbrado a llevarme con niños mucho más pequeños, debido a que yo me había rezagado en los cursos. Y especialmente en esas tardes que llegaba a casa sintiéndome muy desalentada por mi búsqueda de trabajo, pasar el rato con Emily y Deanna era una forma de alejar mi mente de toda la situación.

Poco a poco fui conociendo a Emily. Me contó que sus padres no estaban juntos, pero seguía viendo a su padre en la casa que él tenía en Seymour; a lo que respondí que me parecía estupendo. Entonces Emily sacó su teléfono celular del bolsillo y me mostró una fotografía de su padre. Mencionó que se llamaba Ariel y trabajaba como conductor de autobús. En la foto, el padre de Emily tenía una sonrisa que me pareció muy similar a la de su hija. Tenía pelo oscuro y ondulado, usaba bigote y barba de candado. En la fotografía su aspecto era un poco desaliñado —llevaba el cabello despeinado— pero me pareció bien.

—Es maravilloso que sigas llevándote con él —comenté, y Emily asintió en tanto guardaba el teléfono en su bolsa.

En otra ocasión que Emily estaba con mi prima y conmigo, llamó por celular a su padre y puso el altavoz. Le dijo que estaría lista a las seis de la tarde. El plan era que su papá pasaría por casa de Emily para recogerla en su camioneta.

—Muy bien —dijo su padre en un tono relajado—, pasaré por ahí a las seis.

En realidad, Emily nunca me presentó en persona a "AC", como solía llamarlo ella, pero sentía conocerlo de alguna manera. En varias ocasiones durante ese verano los escuché charlar por teléfono. Se hacían bromas entre sí a través del altavoz. Su papá le hablaba con un acento campesino que sabía imitar y parecía un tipo bastante agradable.

MI PRIMERA VISITA para ver a Joey fue cerca del fin de semana del 4 de julio de 2002, alrededor de un mes después de que lo enviaran con una familia sustituta. La trabajadora social hizo arreglos para que nos encontráramos en un parque para una visita de una hora.

—¡Mami, mami! —me gritó Joey mientras caminaba hacia él a través del parque. Tomé a mi hijo entre mis brazos y lo abracé muy fuerte. Tanto que casi le saqué el aire.

—Mi bebé —dije. Sabía que mi visita con Joey sería demasiado breve, de modo que no le quité la vista de encima ni un minuto durante nuestro tiempo juntos.

En la pequeña zona de juegos, Joey y yo nos deslizamos por la resbaladilla (me senté atrás y él al frente). Lancé un grito de emoción al tiempo que sostenía en alto los brazos de Joey y nos deslizábamos hacia abajo. Entre los ratos de risas, también platicamos.

—¿Estás bien, osito amoroso? —pregunté con un nudo en la garganta.

—¡Te extraño! —respondió Joey. Un momento después levanté la vista para ver a la trabajadora social que nos observaba con gran atención desde el otro lado del área de juegos. Me sentía rara de que hubiera alguien viendo cómo jugaba con mi propio hijo, pero estaba decidida a ignorarla y enfocar mi atención únicamente en Joey.

Cuando transcurrió la hora, tuve que despedirme de él. Requerí de todas mis fuerzas para no tomar a mi bebé en brazos y correr por la calle para llevármelo.

—No quiero regresar allá. Quiero ir a la casa contigo —dijo Joey.

—Lo sé, cariño —respondí mientras acariciaba su pelo—, pero no puedes quedarte conmigo en este momento. Pronto volveremos a estar juntos.

Se colgó de mi pierna con todas sus fuerzas.

—¡No! ¡No te vayas! —gritó en medio del llanto.

Sentí como si estuviera reviviendo ese horrible momento en el salón de juegos del hospital. Lo tranquilicé diciéndole:

—Nos veremos la próxima vez, bebé.

La trabajadora social tuvo que arrancarlo de mi pierna y arrastrarlo, pateando y gritando, de regreso a su automóvil. Al colocarlo en su asiento para niños, escuché que lloraba a todo pulmón. Me quedé ahí, sintiendo que se me rompía el corazón, y los miré hasta que el auto desapareció al final de la calle.

A mediados de julio tuve que perder una visita programada con Joey. Eso me hirió, porque sabía que el sistema judicial lo tomaría en mi contra; se extendería el plazo requerido para que pudiera comprobar que Joey debía regresar a mi cuidado. Pero como no pude encontrar quién me llevara y no tenía un coche ni licencia para conducir, tuve que caminar. Cuando enviaron inicialmente a Joey al sistema de cuidados sustitutos, no tenía una familia permanente, por lo que le cambiaban de una casa a otra. Eso significaba que el sitio de reunión a veces estaba a horas de distancia a pie. Hice mi mayor esfuerzo por llegar a tiempo, pero ese día que falté a la cita, simplemente no fue posible.

꙳

EL RESTO DE julio lo sentí como un largo periodo nebuloso dominado por el calor; el domingo no se diferenciaba del martes, del miércoles o del jueves. Solo podía pensar en la siguiente ocasión que podría ver a Joey y en cómo nos reuniríamos finalmente. Pasaba cada momento de vigilia intentando hacer algo que lograra esa meta.

De inicio necesitaba encontrar un trabajo. Por las mañanas, alrededor de las ocho, me ataba las sandalias y me lanzaba a caminar por las calles para llenar más solicitudes; al caer la noche me quedaba en el porche del edificio con Emily y Deanna. A veces, Lisa y yo caminábamos hasta la tienda cercana y comprábamos una cerveza que repartíamos entre las dos. Cuando estábamos dentro del apartamento me ponía delante del ventilador, si es que lograba conseguir sentarme frente a este. Para empeorar las cosas, un día que caminaba por la calle, se me cayeron los anteojos y se rompieron. Como sufría de una miopía considerable, tenía que entrecerrar los ojos cuando caminaba por la ciudad para solicitar empleo. Combinada con el agobiante calor, mi visión borrosa me hacía sentir desorientada, y definitivamente no podía darme el lujo de comprar unos nuevos lentes. Solo debía adaptarme a las circunstancias.

8

Desaparecida

~~~

EL 23 DE agosto de 2002, a las dos y media de la tarde, era la fecha programada para mi siguiente cita con servicios sociales en el proceso para lograr que me devolvieran a Joey, y prepararme para la audiencia judicial que sería el 29 de ese mismo mes. Las trabajadoras sociales me habían enviado la dirección, pero no tenía la menor idea de cómo llegar ahí. Contaba con que alguien de mi familia me llevaría, así que rechacé el ofrecimiento de transporte que me hicieron en servicios sociales. Estaba aliviada de tener un modo de llegar, hasta que mi familiar llamó a la mañana siguiente para decirme que, después de todo, no podía llevarme. De inmediato me di cuenta de dos cosas: probablemente me perdería en el trayecto y, debido a que iría a pie, casi con toda seguridad llegaría tarde. *¡Dios mío!*

Eran las once de la mañana cuando me enteré de que nadie me llevaría, lo que por lo menos me daba algo de tiempo para armar un plan. La persona que me iba a acompañar dijo estar bastante segura de que la dirección era en el centro. Necesitaba mínimo una hora y media o dos para caminar hasta ahí desde mi vecindario, más el tiempo adicional que requeriría para encontrar el lugar. Me di una ducha, me puse unos *jeans* que llegaban a la altura de la rodilla, una camiseta blanca y mis sandalias más cómodas. Luego comí a toda prisa un pastelillo de los que se calientan en el tostador.

Pregunté a Deanna si quería acompañarme. Por alguna razón no había asistido ese día a la escuela y había ido a visitarme.

—Claro —dijo mientras se ponía los zapatos. Me colgué la bolsa, cruzándome la correa sobre el pecho, y metí el papel con los detalles de la cita dentro del bolsillo delantero. Al mediodía estuvimos listas para salir.

Caminamos cerca de una hora bajo el caliente sol hasta que llegamos a la zona del centro, pero no podíamos localizar la dirección. Preguntamos a mucha gente, desde al propietario de una barbería hasta al hombre que trabajaba en una tienda *delicatessen*. Todos simplemente se encogían de hombros y decían no tener idea de dónde estaba.

Un poco después de la una de la tarde, decidí que sería mejor detenernos y llamar a la oficina de servicios sociales. Sabía que era necesario enterar a alguien de la posibilidad de que llegara tarde. Saqué el papelito de mi bolsa y con gran dificultad pude ver el número telefónico, luego saqué una moneda de veinticinco centavos para el teléfono público. Me respondió una recepcionista que tenía una actitud muy áspera.

—No sé dónde está ese sitio —le informé— y voy a pie…

La mujer me interrumpió:

—¡Entonces debió haber aceptado que la lleváramos!

—Pero no creí necesitar el transporte, se suponía que un familiar me llevaría —expliqué.

Antes de que pudiera pedirle que me diera indicaciones sobre la dirección, me colgó. Sabía que llegar tarde me restaría puntos. En ese momento, realmente no supe qué otra cosa hacer. Me sentía deshidratada a causa del calor; en mi camiseta blanca se habían formado círculos de sudor debajo de mis axilas; estaba hambrienta y agotada, además de furiosa conmigo misma por la probabilidad de faltar a otra cita. *Debería haber aceptado la oferta de servicios sociales para llevarme. Debí averiguar desde la noche anterior dónde estaba esa dirección.*

—Solo regresemos hacia la casa —dije a Deanna, quien ya tenía la cara enrojecida y cubierta de sudor.

—¿Estás segura? —me respondió—. Tal vez todavía la encontremos.

—Avancemos de nuevo y de camino preguntamos a otras personas —sugerí.

Y eso fue justo lo que hicimos, pero en nuestro recorrido no encontramos una persona que siquiera pudiera decirnos más o menos a dónde dirigirnos. Al pasar junto a una lavandería automática, miré a través del ventanal y vi la hora en el reloj de pared. Era la 1:18 p.m. No me quedaba mucho tiempo, así que decidí tratar de llamar de nuevo a servicios sociales.

—¿Por qué no empiezas a regresar a casa sin mí? —dije a Deanna—. Echaré una ojeada por aquí a ver si puedo encontrar otro teléfono público y luego te alcanzo.

Deanna asintió y empezó a caminar a casa. En la calle me topé con otro teléfono público y marqué el número. Esta vez, al entrar al menú principal del conmutador, evité que me respondiera la recepcionista malvada e intenté comunicarme de manera directa con la trabajadora social. Pero se necesita un NIP, que es el número de identificación personal para acceder a la línea directa de cada uno de los trabajadores sociales, y yo no tenía ese número conmigo. Saqué el papel de mi bolsa y lo sostuve cerca de mi cara para tratar de leerlo, pero no encontré nada que se asemejara a un NIP. Alrededor de la una y media de la tarde empecé a caminar de regreso a casa y traté de ver si podía ubicar a mi prima más adelante. A la distancia vi una chica que me pareció era ella, pero estaba demasiado lejos como para que escuchara mis llamados. De modo que continué sola mi camino. *Quizá todavía pueda conseguir un aventón*, me dije a mí misma.

Alrededor de las dos y media —la hora programada para la cita—, apenas había podido regresar a mi vecindario. Pasé cerca de la tienda Family Dollar donde solía comprar; la misma donde compré los regalos de Navidad para Joey. Me moría de sed. Al entrar, noté que había muchos clientes. De camino a la sección de las sodas, vi a una mujer de aspecto agradable y pensé: *Quizá pueda ayudarme.*

—Disculpe señorita —dije mientras sacaba el papel arrugado—, ¿tendrá idea de dónde se encuentra esta dirección? —y señalé la hoja. Ella devolvió al anaquel el desodorante que tenía en la mano, me miró, y luego vio la dirección.

—Quisiera decirte, linda —respondió—, pero ni siquiera soy de esta zona.

—Esa es la cosa —continué—. No creo que esa dirección *esté* en esta zona. Podría estar en algún lugar del centro.

—Lo siento —expresó y colocó el desodorante en su canastilla—, no creo que pueda ser de gran ayuda.

Desesperanzada, regresé el papel al bolsillo delantero, tomé una soda y me formé para pagar. La cajera, que era una mujer rubia y regordeta, parecía un poco exhausta. Pagué, me dirigí a la puerta y entonces pensé: *Quizá pueda preguntar a la cajera si ella sabe dónde está la dirección,* y regresé al mostrador. Mientras ella marcaba la mercancía de otro cliente, saqué la hoja y se la mostré.

—Disculpe, ¿sabe dónde se encuentra esto? —pregunté.

Vio la dirección por un momento y respondió:

—Creo que tienes que ir derecho hasta la esquina y luego das vuelta a la izquierda, pero no estoy del todo segura.

Cuando estaba a punto de irme de nuevo, escuché una voz masculina a unos cuantos pasos de distancia.

—Sé exactamente dónde está.

Giré la cabeza y el hombre se acercó. Reconocí su rostro por la fotografía. Era Ariel Castro, el padre de Emily.

Lo saludé y él dio un paso al frente para pagar sus artículos, que eran un par de destornilladores y una lata de aceite para motor.

—¿Qué tal?, soy Michelle, la amiga de Emily. Conozco a su hija.

Él sonrió y respondió:

—Ah, sí —su tono era amable, el mismo que le había escuchado utilizar en el teléfono con su hija—. Si me das un segundo, quizá pueda mostrarte cómo llegar ahí.

¡Gracias, Dios mío! Llegaría tarde, pero cuando menos tenía probabilidad de cumplir con la cita.

La cajera terminó de marcar los artículos que él llevaba, y pude verlo más de cerca. Estaba tan desaliñado como se veía en la foto; su cabello grueso y ondulado estaba sin peinar y un poco erizado sobre su piel olivácea. Sus manos estaban agrietadas, como si no se hubiera puesto crema durante meses, y la piel era escamosa. Parecía tener alrededor de cuarenta años. Su enorme vientre desbordaba sobre sus *jeans* negros. Llevaba una camisa de manga larga de franela a cuadros que tenía un par de manchas de grasa, como si hubiera estado trabajando con el auto. Las mangas estaban enrolladas hasta el codo. *¿Cómo puede andar con una camisa de franela en pleno verano?*, me pregunté. Me pareció como mexicano, pero por las charlas con Emily, me había enterado de que era de Puerto Rico. Me pescó mirándolo fijamente y, cuando desvié la mirada, él me sonrió de nuevo. A pesar de su aspecto andrajoso, parecía un hombre decente.

Metió el cambio en el bolsillo trasero de los pantalones y dio unos pasos hacia mí, y fue cuando noté sus botas industriales.

—Yo también estoy un poco perdido —dijo entre risitas—. ¿Sabes de casualidad donde está el Key Bank?

—Está por ahí —respondí mientras señalaba—, solo tiene que dar vuelta a la derecha.

—Pero primero te ayudaré a encontrar la dirección que buscas. ¿Quieres que te lleve?

Sin siquiera darme cuenta respondí que sí, pero luego algo me hizo pensar que debería comunicarme con mi amiga para hacerle saber que estaba aceptando que su padre me llevara.

—¿Podemos llamar primero a Emily para avisarle? —pregunté.

Cuando se inclinó hacia mí, percibí su tufo: olía a líquido de transmisión.

—En este momento Emily está en la escuela y no quiero importunarla —contestó.

Hice una pausa por un momento y dije:

—Bueno, supongo que podría darme un aventón, gracias.

Mientras salíamos juntos de la tienda, me tomó de la parte superior del brazo. El apretón me pareció demasiado fuerte, pero en menos de un segundo lo aflojó.

—¡Ay, lo siento! —se disculpó Ariel, riendo un poco—. Te estaba tomando con demasiada fuerza, ¿verdad? —Yo reí con nerviosismo y asentí, luego enderecé la manga de mi camiseta—. A veces no estoy consciente de mi propia fuerza —continuó él—. Perdóname.

En ese momento algo me pareció fuera de lugar, pero una vez que se disculpó, pasé por alto el fuerte apretón por considerarlo un error inocente. Además, confiaba mucho más en él que en un total desconocido. Después de todo era el papá de mi amiga, por no mencionar que era el ángel que habían enviado para que pudiera llegar a mi cita. Caminamos juntos entre los otros automóviles hasta que vimos el color anaranjado de su camioneta Chevy de cuatro puertas que estaba al extremo del estacionamiento. Él se dirigió a la portezuela del pasajero y me ayudó a subir.

El interior de su camioneta se veía tan mugriento como él. Había envolturas de hamburguesas *Big Mac* tiradas por el piso. Un par de recipientes viejos de comida china estaban metidos en una esquina cerca del estribo alfombrado de mi lado. En ambas puertas faltaban las palancas que abrían las ventanillas del frente.

—Vaya, usted debe vivir aquí dentro —dije, mientras mis ojos recorrían todo el interior.

—Lo sé —respondió entre risas—. Está un poco desordenado. Soy todo un soltero.

Deslizó la llave en el encendido y arrancó el auto. Luego, de pronto y de la nada, giró súbitamente el volante y empezamos a girar a toda velocidad.

—¡Yujo! —exclamó. Me quedé congelada, y me sujeté con fuerza al lado de mi asiento—. Vamos, cálmate —afirmó cuando notó mi mirada de preocupación—, solo me estoy divirtiendo un poco. A veces me gusta hacer eso cuando estoy con mis hijos.

Medio me reí. Por las conversaciones con Emily sabía que su papá era simplón, como cuando le hablaba con acento campesino. Me acomodé de nuevo en mi asiento y traté de relajarme mientras salíamos del estacionamiento.

En nuestra conversación durante el trayecto le conté acerca de Joey y sobre la cita a la que debía llegar, la cual era muy importante porque quería recuperar a mi hijo.

—Lo extraño mucho —dije. Ariel asintió de manera comprensiva. Justo en ese momento, aunque no podía ver muy bien las calles sin mis anteojos, me di cuenta de que no parecíamos estar dirigiéndonos al centro, donde era mi cita. —¿A dónde vamos? —pregunté.

—Oh, tengo que detenerme un momento en mi casa para recoger algunas cosas —respondió—. Emily debe estar por llegar a casa, ya salió de la escuela. Puedo darle un poco de dinero y quizá las dos puedan ir más tarde al centro comercial. Pero no te preocupes, primero te llevaré a tu cita.

Volví la vista hacia él y respondí que estaba bien.

—Pero en realidad no me puedo quedar mucho tiempo. Ya voy retrasada. Necesito llegar a esa cita o de lo contrario tendré un grave problema. Emily y yo podemos ir al centro comercial otro día. —El reloj del tablero marcaba las tres de la tarde, así que sabía que Emily debería llegar a casa en unos minutos.

—No demoraremos mucho —contestó—, te lo prometo.

Condujo un minuto más mientras hablábamos sobre cuánto le gustaban las motocicletas y que estaba intentando vender una.

—Quizá conozca a alguien que quiera comprársela —respondí, pensando en un muchacho que vivía en mi vecindario.

Entonces cambió el tema:

—Oye, ¿te gustan los cachorritos? —preguntó.

—¡Me encantan! —contesté—. Y también a mi hijo. —Cada vez que nos topábamos con un perro en la calle, Joey se emocionaba mucho y quería acariciarlo.

—De hecho tengo unos cachorros en mi casa —continuó Ariel—. Mi perra tuvo bebés hace un tiempo. Cuando lleguemos, quizá pueda regalarte uno. Entonces cuando recuperes a Joey, podrás regalarle un cachorrito. Te apuesto que le gustaría.

Qué bonita idea; a Joey le encantaría tener un cachorrito, pensé. *Ese sería un fabuloso regalo de bienvenida.*

Al llegar a la avenida Seymour, redujo la velocidad frente a una casa blanca de dos pisos que estaba a unas manzanas de donde yo vivía, por ello reconocí la calle. Alrededor había una cerca metálica de dos y medio metros de altura.

—Ya llegamos —anunció.

Miré el jardín frontal y observé que había aún más basura que en su camioneta, montones de periódicos y latas vacías de aluminio. Era evidente que el césped amarillento no se había cortado desde hacía días o quizá incluso décadas. Llegar a su casa nos tomó cuando menos siete minutos, aunque ambos vivíamos a una distancia de dos minutos en coche desde la tienda Family Dollar; pensé para mí: *¿Estuvimos dando vueltas en círculo o qué?*

Salió del automóvil y abrió la reja que conducía al área de estacionamiento junto a la casa. Luego subió de nuevo y puso el vehículo en reversa, mirando por encima de su hombro, y se estacionó lentamente en la rampa. Más atrás, en el patio, estaba estacionada una camioneta. Después cerró la cerca con candado y eso me hizo sentir nerviosa.

—¿Por qué se estacionó y cerró la cerca con candado? —pregunté—, pensé que solo nos detendríamos un minuto.

—Es que este barrio es terrible —repuso—. No quiero que se roben mi camioneta.

¿Por qué alguien se querría robar este trozo de mierda?, pensé.

Desde la ventana del vehículo, en el patio trasero atiborrado de basura, pude ver un perro Chow Chow de color marrón rojizo, atado con una cadena.

—¡Qué linda! —dije.

—Se llama Maxine —respondió.

—¿Por qué no está dentro de la casa con sus cachorros?

—Tengo que sacarla porque muchas veces se orina en la casa —explicó. Eso no me hizo mucho sentido; ¿no había entrenado a su perra cuando era una cachorrita?, pero no le presté atención—. En un momento regreso —prosiguió y se bajó de la camioneta, pero dejó el motor encendido.

Menos de un minuto después, Ariel regresó y abrió la portezuela de mi lado.

—¿Por qué no pasas un segundo? —dijo.

—¿Para qué? —contesté arrugando la nariz.

—Para que puedas elegir a tu propio cachorro —respondió. Al notar mi vacilación, insistió—. No te pongas nerviosa. Emily ya llegó. Solo pasa un momento para que veas a los perritos.

Tomé aire, y en un instante que lamentaré por el resto de mi vida, finalmente dije:

—Muy bien, pero solo un minuto.

Me ayudó a descender del vehículo y caminamos hacia la puerta trasera de madera. Justo antes de dar el paso para entrar, vi que en el patio vecino había un hombre blanco y viejo. Lo reconocí por haberlo visto en la zona y sabía que sus hijos eran unos malcriados. Lo saludé con la mano y le dije: ¡Hola! Él me miró con frialdad y luego saludó en respuesta. Ese intercambio me hizo sentir tranquila de inmediato. *Tiene vecinos que lo conocen* —pensé—, *y Emily está aquí. Estoy portándome de manera ridícula.*

Si la camioneta y el patio de Ariel me parecieron un absoluto desastre, no se comparaban con su casa. Por toda la cocina había hojas de periódico, así como en la sala, que estaba un poco más lejos. El fregadero estaba atestado de platos sucios con costras de comida. Por todas partes había botellas de cerveza y el sitio olía a una combinación de orina, cerveza y frijoles rancios. Muchas de las ventanas tenían tablones colocados desde el interior. *¿Cómo puede soportar su hija venir de visita?*, pensé. Me pregunté si a Emily le provocaría tanto asco como a mí.

—Bienvenida —dijo Ariel, indicándome con la mano que pasara más allá de la cocina—. Adelante. Como te dije, soy soltero y no tengo mucha oportunidad de limpiar.

No hablé, solo quedé boquiabierta. Le seguí hasta la sala, preguntándome cómo podría apresurarme para salir de ese hoyo inmundo sin parecer grosera. Vi una fotografía colocada sobre un televisor grande que estaba junto a la repisa de una chimenea.

—Ay, me encanta esa foto de Emily, se ve muy linda —comenté—. ¿Dijo usted que ya estaba en casa?

—Está en el sótano, metiendo un poco de ropa en la lavadora —aseguró—. Subirá en un minuto. ¿Por qué no vienes conmigo arriba para que puedas elegir uno de los cachorros? —e indicó una escalera que subía desde la sala.

—Ah no, yo no voy a subir —repliqué dando un paso hacia atrás.

—¡Vamos! —dijo—, de verdad no tientes que temer nada. Soy yo, AC, el papá de Emily.

Es cierto, me dije. *Probablemente estoy exagerando.* No quería que Ariel le dijera a Emily que yo me había comportado como si le tuviera miedo. Aparte de eso, ya me podía imaginar el rostro de Joey cuando llegara a casa y se encontrara con la sorpresa de tener su propio cachorrito.

—Podría tratar de bajar a los cachorros —continuó—, pero no quiero que corran sueltos por aquí.

Estudié su cara y me pareció muy sincera. Así que un instante después cedí. Pasé por alto mis dudas, puse el pie derecho en el primer escalón y empecé a subir. Él me siguió detrás, dando grandes pasos que sonaban como los de un elefante.

Más o menos a la mitad de la escalera aún no se escuchaba ningún chillido y comenté.

—¿Cómo es que no se escucha a los cachorros?

—Es probable que estén dormidos —afirmó—. Son tan pequeños que se pasan la mitad del día roncando. Espera a que los veas, son tan lindos cuando están todos acurrucados juntos.

Sonaba como algo adorable y no podía esperar para cargar uno entre mis manos. Al final de las escaleras había una habitación.

—Están en una caja, justo después de pasar por ahí —indicó. Entramos por una habitación con paredes blancas y continuamos hasta un cuarto rosa que estaba conectado con el otro.

—Los cachorritos están debajo de la cajonera —explicó. Miré hacia abajo a donde señalaba y de repente, *¡bam!*, cerró la puerta de un golpe.

—¡Déjeme salir! —grité—. ¡Por favor, déjeme salir! ¡Tengo que llegar a mi cita!

Me tapó la boca y la nariz con una bofetada de su enorme mano y, con la otra, tomó la parte trasera de mi cabeza.

—¡Te mataré si vuelves a gritar! —vociferó.

El hombre al que había conocido en el local de Family Dollar —ese señor gentil que hablaba por teléfono con Emily y que me parecía tan agradable— de pronto se había convertido en un loco. De un tirón, me puso las manos a la espalda y me arrojó al piso.

En ese instante, toda una cadena de recuerdos de los últimos veinte años se agolpó dentro de mi mente. El asiento trasero de nuestra horrible camioneta familiar. La casa amarillo canario de mi familia. Mi basurero azul debajo del puente. La cálida sonrisa de Arsenio. Sniper y Roderick mientras jugaban billar en el sótano. Las risas de Joey y mi árbol falso durante nuestra última Navidad juntos. Cerré los ojos e intenté prepararme para lo que podría pasar a continuación. Hasta la fecha no puedo creer lo que sucedió.

9

Atrapada

~✑

—¡NO TE MUEVAS! —gritó el tipo directo a mi rostro, mientras permanecía tirada en el suelo. Su saliva me salpicó los ojos y su aliento olía a cerveza. Tomó mi bolsa y la arrojó a una esquina de la habitación rosa—. ¡Ahora vuelvo!

Salió corriendo a la otra habitación y pude escuchar que buscaba algo en el clóset. Intenté gritar, pero al abrir la boca no emití ningún sonido. *Nada*. Las manos me temblaban como si estuviera atrapada en un terremoto.

Estaba en absoluto pánico, tenía el cuerpo paralizado, pero mi mente corría a toda velocidad. *¡Vamos, tienes que hacer algo!*, pensé. Posé la mirada en dos postes de metal que estaban uno a cada lado del cuarto. Entre estos colgaba un alambre como si fuera un tendedero. Ni un segundo después, el tipo había regresado, cargaba un pesado taburete a través de la puerta y lo colocó junto a mí. En la mano llevaba dos extensiones eléctricas de color naranja. El corazón me latía con rapidez y sentía que se me saldría del pecho. Empecé a tratar de levantarme con gran esfuerzo.

—¡Quédate quieta! —aulló.

Me dieron arcadas y casi vomité. Él se sentó en el taburete y tomó mis dos piernas. Entonces me puse como loca y comencé a sacudirme para quitármelo de encima, pero era demasiado fuerte para mí. Envolvió con tanta fuerza una de las extensiones alrededor de mis tobillos que me cortó la piel. No dijo una sola palabra mientras me ataba, pero tenía la respiración agitada. Mi mente estaba enloquecida: *¿Cómo puede estar sucediéndome esto? ¿Cómo puedo salir de aquí?* Al enlazar una y otra vez mis tobillos con la extensión, el sudor resbalaba por su mandíbula y caía sobre mi camisa. Olía a una asquerosa mezcla de orina y aceite para motor.

Luego de atarme los pies, ya no podía sentirlos. De un tirón colocó mis brazos a mi espalda, en tanto yo gritaba y trataba de golpearlo en la cara.

—¡Por favor, déjeme ir! —rogué, con las lágrimas que me corrían por el rostro.

—¡Cállate o realmente te mataré! —gritó.

Envolvió mis muñecas con la extensión eléctrica detrás de mi espalda y después ató juntos mis manos y pies. Luego enrolló el cable alrededor de mi cuello.

—¡Detente! —intenté gritar, pero la atadura no me permitía respirar. Mientras estaba atada sobre el piso, imaginé que estaría a punto de colgarme de uno de los postes. Pero de pronto abrió el botón y el cierre de sus *jeans*, se los bajó y sacó su pene. Su vientre colgaba por debajo de la camisa de franela y no llevaba ropa interior.

—Solo te vas a quedar un rato conmigo —dijo, y empezó a masturbarse. Cada vez que se movía, sus *jeans* bajaban un poco más. Entre más se sacudía, más cosas salían de su boca—. En realidad quiero que seamos amigos. Mi esposa y mis hijos se fueron y quiero que alguien esté conmigo. Te necesito.

Mi pulso latía sin control. Tenía las manos y los pies dormidos y mi cara estaba mojada por las lágrimas. Me corría moco de la nariz. Muchas veces antes había estado muerta de miedo, pero nada se aproximaba al terror que sentía al estar ahí, tirada en ese piso. Estaba segura de que moriría. *¡Oh, Dios! ¿Por qué me está pasando esto?*

Desesperada, abrí los ojos y miré por la ventana. En ese instante, el tipo apuntó su pene directo hacia mí. —¡*Siii!* —bramó. Gotas de semen salpicaron mis *shorts*.

Se sentó sobre el taburete y por un tiempo que me pareció muy largo, solo se quedó descansando. Su pantalón había caído hasta sus tobillos. Inclinó la cabeza contra la pared rosa y respiró muy profundo varias veces.

—Ahora necesito que te quedes quieta para que pueda subirte a estos postes —dijo finalmente.

Se levantó y se subió los *jeans*. Luego empezó a quitarme las sandalias, y yo me puse a rezar la única oración que conocía:

—Ahora… que me dispongo… a descansar… —recé—. Ruego… al Señor… mi alma resguardar…

—¡Deja de hacer ruido! —gritó—. ¡Nadie puede oírte!

Pero seguí rezando:

—Si he de morir… antes del alba…

Entonces me dio un fuerte golpe en el costado de la cabeza y me quedé muy quieta.

Lanzó mis sandalias a la esquina donde estaba mi bolsa. Luego me giró sobre mi estómago, al tiempo que yo intentaba retorcerme fuera de su alcance. Ató el segundo cable eléctrico que rodeaba mis manos, pies y cuello. Entonces elevó mi cuerpo a los cables que estaban entre ambos postes y ató ahí la extensión que estaba a mi espalda. Cuando terminó, me había elevado unos 30 centímetros sobre el piso y estaba colocada frente a la ventana. Sentí que me había colgado para exhibirme, como si fuera un trofeo sobre la pared. Un minuto después, introdujo un maloliente calcetín gris dentro de mi boca y puso cinta de embalaje alrededor de la cabeza para mantenerlo fijo. A través del calcetín lo único que podía hacer era lanzar gemidos y esperar que alguien me oyera.

—Voy a conseguir un poco de comida —anunció con voz muy tranquila. En un instante había desaparecido el míster Hyde, y el Dr. Jekyll había tomado su lugar—. Quédate justo donde estás —indicó—. No te vayas. Y no hagas ningún ruido.

¿Cómo voy a emitir algún sonido si me tapaste la boca?, pensé frenética. Encendió el radio que estaba sobre la cómoda y subió el volumen a tal grado que me lastimaba los tímpanos. Luego azotó la puerta tras de sí y bajó por la escalera dando fuertes pasos.

Por encima del ruido del radio escuché el motor de su camioneta que aceleraba. Pensé que quizá podría desatarme, de modo que empecé a balancearme de un lado a otro, pero lo único que logré fue marearme. Desde donde estaba colgada, podía ver las ventanas de otras personas al otro lado de la calle, y pensé: *¿Alguien podrá verme?* Como no tenía mis anteojos, no lograba ver muy bien. De nuevo intenté gritar, pero estaba bastante segura de que nadie podría escucharme sobre el estridente ruido del *rap* que sonaba en el radio.

Miré alrededor para ver si podía alcanzar algo que me ayudara a escapar, pero eso era imposible por la manera en que me había atado. Se veían unas cuantas ropas de niña a través de la puerta abierta del clóset. Recordé que Emily me había dicho que tenía una hermana menor, llamada Rosie, de modo que este debía haber sido su cuarto antes de que su madre se mudara a otro lado con ellas. En el piso había el dibujo de una sirena, parecía hecho por un niño. Debajo de la sirena decía "Ariel". Quizá su hija lo hizo para él. ¿Cómo era posible que un hombre con dos hijas, una de las cuales era mi amiga, me hiciera eso? Emily parecía considerar que su padre era una persona agradable; ¿no tenía idea de que era un pervertido? Ahora sabía que me había mentido sobre que ella estuviera en la casa, pero quizá después llegara. ¿Deanna habría regresado a casa e informado a los demás que yo había desaparecido? Los pensamientos se agolpaban en mi mente y pedía a Dios que alguien ya me estuviera buscando.

⚓

A MEDIDA QUE fue transcurriendo el tiempo, pasé de sentirme entumecida a sentir que me clavaban cientos de alfileres por todo el cuerpo. La cabeza empezó a dolerme por el volumen al que estaba la música. Para cuando bajó el sol, el psicópata no había regresado. En ese momento empecé a estar muy segura de que cuando regresara iba a matarme. Lo único que podía pensar era en mi dulce Joey y si volvería a verlo algún día.

Llegó la mañana siguiente, luego la tarde y finalmente transcurrió otra noche. El tipo me dejó colgada ahí *durante lo que pareció ser más de un día.* Me dolía el estómago por el hambre y tenía más sed de la que hubiera experimentado nunca antes en mi vida. Además tenía la boca increíblemente seca debido al calcetín que tenía dentro. Olía mal porque me había orinado dos veces. Y me había desmayado en unas cuantas ocasiones porque el cordón eléctrico me asfixiaba. Si en algún momento de ese periodo él estuvo en casa, nunca lo escuché. Es probable que haya estado desmayada o quizá no lo haya oído por estar tan alto el volumen del radio. Cuando por fin irrumpió en la habitación, traía consigo una especie de sándwich envuelto en papel amarillo de McDonald's.

—Tienes que comer algo —dijo, y bajó el volumen del radio. Súbitamente arrancó la cinta adhesiva de mi cabeza y sacó el calcetín de mi boca. Parte de mi pelo se arrancó junto con la cinta y grité porque me dolió mucho. Quitó la envoltura del sándwich de salchicha y lo apretujó contra mi cara, pero yo apreté los labios y moví la cabeza de un lado a otro. Entonces me tomó por la barbilla e intentó forzarme a comer.

—¡Necesitas comer! —gritó.

¿Qué tal que puso alguna droga en la comida? ¿Qué tal que quiere envenenarme? Mantuve los labios cerrados lo más fuerte posible hasta que finalmente arrojó el sándwich al suelo.

Desamarró el cable con que me había atado al alambre y caí dolorosamente al piso. Empecé a llorar de nuevo e intenté sentarme. Mis miembros estaban tan adormecidos que no podía sentirlos.

—Quédate quieta, putita —dijo. Con una mano desató el cable que me rodeaba el cuello y con la otra me mantuvo acostada. Al desatar el cable de mis tobillos, un hilillo de sangre corrió por mi pie.

—Necesito que te levantes —ordenó.

—¿Estás hablando en serio? ¡Ni siquiera puedo ponerme de pie! —grité.

Antes de que pudiera decir más, me cargó y me arrojó sobre su hombro. Entre gruñidos, me llevó hasta la pequeña habitación blanca que estaba al lado. En la esquina había un colchón tamaño *queen*, sin sábanas. Me arrojó sobre el colchón y me desnudó. Durante toda una hora se dedicó a violarme mientras yo gritaba sin parar. Y luego lo hizo una y otra y otra vez. Me lastimó tanto que el colchón estaba bañado de mi sangre. Al principio intenté patearlo y arañar su rostro, pero no había manera de que mi pequeño cuerpo pudiera defenderse de un hombre tan grande.

—Por favor, ya no me lastimes —gemí cuando parecía que quizá estuviera a punto de detenerse. Pensé que si intentaba sonar dulce, tal vez me dejaría ir—. Solo quiero regresar a casa —proseguí—. No creo que seas una mala persona. Es un error que cometiste esta vez. Si me dejas ir ahora, podemos olvidarnos de todo esto.

Pero en ese momento acostó su cuerpo desnudo y sudoroso junto a mí y comenzó a hablar, casi como si pensara que yo era su novia.

—En verdad desearía no haber tenido que hacerte esto —dijo en voz baja. Suspiró e incluso empezó a llorar un poco. El doctor Jekyll estaba de regreso—. Mi esposa me dejó. Yo no quería golpearla, pero era como si no pudiera detenerme —me le quedé mirando—. Sufrí abuso sexual cuando era un niño muy pequeño y por esa razón empecé a masturbarme. Es la razón por la que empecé a ver pornografía. Solo quiero que una persona esté aquí conmigo.

Mientras continuaba con su sarta de tonterías, yo fijaba la vista en la puerta. Tenía esperanza de que, de algún modo, pudiera huir con toda rapidez por las escaleras. Pero por la manera en que me tenía atrapada en la esquina del colchón, no podía evadirlo. Al principio no dije ni media palabra. Pero luego hablé:

—¿Por qué no te consigues una novia? El hecho de que te haya ido mal en la vida no significa que tengas que hacer esta clase de cosas. Montones de personas han tenido una niñez difícil.

No me miró. De pronto saltó de la cama, recogió sus *jeans* y sacó un poco de dinero de sus bolsillos.

—Aquí tienes el pago por tus servicios —declaró mientras me arrojaba unos cuantos dólares. Después de eso abandonó la habitación.

¿Mi pago? No tenía idea de qué hablaba. Cruzó al otro lado del pasillo. Me tambaleé adolorida hasta ponerme de pie, pero antes de que pudiera alcanzar la puerta, él había vuelto.

—¿A dónde crees que vas? —exclamó, y regresé al colchón.

Sostenía mi bolsa. La volteó de cabeza y vació el contenido en el suelo.

—¿Cuántos años tienes? —preguntó. No respondí—. ¿Cuál es tu fecha de nacimiento? —Seguí sin decir palabra. Así que se agachó y buscó entre todas mis cosas hasta que localizó mi billetera. Sacó mi identificación y la miró por largo tiempo—. ¿Tienes veintiún años?

Asentí con la cabeza y se me quedó viendo.

—¡Pensé que eras mucho menor! —exclamó—. ¡Pensé que eras una prostituta!

Supongo que pensó que era una prostituta. Quizá por esa razón me arrojó el dinero. Quizá ahora me deje ir. Estaba tan furioso que arrojó mi identificación al otro lado del cuarto. Después de un minuto, regresó y se sentó al borde del colchón.

—Mira, tú y yo solo vamos a ser amigos, ¿estás de acuerdo? —Mis manos empezaron a temblar—. No vas a quedarte por mucho tiempo aquí conmigo. Tal vez únicamente hasta Navidad.

Me sentí mareada. *¿Navidad? ¡No existe posibilidad alguna de que pueda estar aquí hasta Navidad!* Comencé a llorar y la verdad de lo que me estaba sucediendo me sacudió como mil cuchillos clavados en el vientre. *Dios mío, estoy atrapada en la casa de un psicópata.*

—Primero veré si puedo confiar en ti.

Me pasó mi camiseta y mi ropa interior, excepto mis *shorts*; se quedó viendo cómo me vestía. Mis pantaletas color canela, el par que tanto me encantaba porque tenían mariposas, estaban mojadas con orina y manchadas de sangre. Mi camiseta seguía oliendo a su asqueroso sudor.

Después de que me vestí, puso la mano sobre mi brazo. Lo empujé, pero él me jaló del pelo y me levantó de la cama de un tirón.

—¡No! —grité—. ¡Déjame ir!

Solamente me ignoró y me arrastró a la parte alta de la escalera. No sabía a dónde me llevaba, pero no podía imaginar que pudiese ser peor que aquello a lo que me había sometido. Estaba equivocada.

10

La mazmorra

M E ARRASTRÓ POR una vieja escalera de madera que crujía a cada paso hasta que llegamos a la planta baja, donde nos detuvimos un momento. Luego me llevó hasta otra puerta y abrió un candado. Esa puerta conducía a otra escalera. *El sótano: ¡ahí es a donde me lleva!* Todo mi cuerpo empezó a temblar. La sola idea de ir al sótano me horrorizó. En todos los libros de terror que había leído nada bueno ocurría en el sótano. *Quizá hasta aquí haya llegado mi vida.* Sostuve la respiración y por un segundo cerré muy fuerte los ojos, intentando imaginar que estaba con mi osito amoroso.

Cuando llegamos al fondo de las escaleras estaba bastante oscuro. Me empujó desde los últimos escalones y caí al suelo. Apenas había luz suficiente como para ver que había caído sobre un enorme cúmulo de ropa sucia de hombre. La pila de ropa estaba junto a un grueso poste que llegaba de piso a techo. Luego de que encendió la lámpara del techo pude ver mejor.

—Quédate aquí —indicó, y después fue a otra parte de la habitación. Eso me dio un minuto para ver el sitio donde podría terminar asesinada.

Toda la habitación estaba cubierta de basura. Gran cantidad de cadenas herrumbrosas estaban tiradas por todas partes. Las pilas de ropa sucia llenaban el lugar. Había un enorme fregadero bajo el cual había un charco de agua y al lado tenía una vieja lavadora. Vi un par de armarios, uno azul y otro blanco. Había herramientas y tubos tirados por todos lados y cajas apiladas casi hasta el techo. También tenía ahí gran cantidad de videos. *Debe ser pornografía*, pensé. El sitio olía a podredumbre y moho. Del mismo lado de la casa donde estaba la rampa para autos había una pequeña ventana. No se podía ver hacia afuera porque estaba cubierta de suciedad y no pasaba por ella ni un pequeño rayo de luz. En la puerta del sótano tenía muchas alarmas, y se veían salir tantos cables de estas que supuse que él mismo las había instalado.

En ese momento, el tipo se inclinó y tomó dos de las cadenas oxidadas. Eran las cadenas más largas que jamás hubiese visto; medían por lo menos dos metros y medio. A pesar de estar sosteniendo una larga sección de estas, a sus pies había gran cantidad de eslabones apilados.

Yo lloraba de manera incontrolable como un bebé. Tenía los ojos casi cerrados por la inflamación.

—¡Por favor, por favor, déjame ir! —grité. Él ni siquiera parpadeó, y yo estaba en un sitio demasiado profundo bajo la tierra como para que alguien pudiera escucharme.

—¿Cómo supones que voy a confiar en ti si sigues haciendo tanto ruido? —dijo mientras yo seguía sollozando—. ¡Siéntate junto al poste! —gritó.

Me arrastré hacia el poste. Colocó mis brazos a mi espalda y rodeó mis muñecas con una especie de bandas flexibles que trenzó entre sí. Después de meter otro calcetín dentro de mi boca, me empujó contra el poste y empezó a colocar las enormes cadenas alrededor de mi estómago, mi cuello y también del poste. *Una vuelta. Dos vueltas. Tres vueltas. Cuatro.* La quinta vez que me rodeó, la cadena entró directo dentro de mi boca. Tenía el sabor de un viejo centavo. *Clic. Clic.* Unió las dos cadenas detrás de mí. *Llegó el final*, pensé.

—Ahora vamos a asegurarnos de que nadie te oiga —murmuró. Entonces caminó a un lado y tomó algo de una mesa. Era un casco de motociclista. Lo levantó y lo metió con fuerza sobre mi cabeza. Apenas podía respirar y me quedé totalmente a oscuras.

AL DESPERTAR, NO tenía el menor indicio de qué día era. Estaba en total oscuridad. Lo único que sabía era que el tipo no se hallaba en casa porque la casa estaba muy silenciosa. *¿Es de día? ¿Es de noche?* Sinceramente no podía decirlo. Pero de algún modo seguía viva, o al menos medio viva. Mi cerebro estaba bastante aturdido porque no recibía suficiente oxígeno debajo de ese pesado casco. Pero no estaba tan atolondrada como para no buscar un modo de escapar. Empecé a mover las manos. *Quizá pueda quitarme estas ataduras.* No cedían. Pero seguí tratando una y otra vez con todas mis fuerzas.

Las bandas estaban cortándome la piel alrededor de las muñecas, y después de esforzarme durante un par de horas estuve a punto de darme por vencida. En ese momento ocurrió un milagro; de pronto una de mis muñecas se sintió más suelta. No podía creerlo. ¡Quizá pueda soltarme! Moví las manos como loca y se desató la banda. Rápidamente usé mi mano libre para deshacer la otra atadura.

Aunque seguía encadenada, ahora podía quitarme el horrible casco. Era maravilloso poder respirar libremente, a pesar del aire viciado de ese inmundo sótano. Me froté los brazos para recuperar la sensibilidad. Miré alrededor, pero no había nada cerca de mí que sirviera para tratar de cortar la cadena. Busqué con la mano detrás del poste y sentí uno de los candados. *Si tan solo pudiera abrirlo…* Intenté mover arriba y abajo la parte superior del candado. Parecía ceder un poco. *Dios mío, quizá pueda escapar de aquí,* pensé.

Sacudí frenéticamente el candado de arriba abajo. El único problema era que, aunque pudiera quitarme esa cadena, la otra seguía estando alrededor de mi estómago. Y si lograba quitarme también esa, seguiría teniendo que eludir las alarmas de la puerta. Apreté lo más posible mi espalda contra el poste y las cadenas se aflojaron un poco. Jale y jalé el candado, pero entonces oí el sonido de la camioneta que entraba a la rampa. ¡Ya regresó! Rápidamente me puse el casco e intenté colocar de nuevo las bandas flexibles alrededor de mis manos, tratando que quedaran como antes de que él se fuera.

No habían pasado ni dos minutos cuando escuché los pasos del tipo que bajaba por la escalera. Encendió la luz.

—¿Por qué te quitaste las bandas? —gritó—. Pensé que podía confiar en ti, pero ahora tendrás que recibir un castigo. —Recogió un tubo del suelo y lo agitó frente a mi cara—. Si gritas te meteré esto por la garganta.

No emití sonido alguno. Entonces desató las cadenas, me quitó el casco y me arrancó la camisa y los calzones.

Sigue siendo difícil para mí pensar en las cosas que sucedieron durante las siguientes tres horas. No solo me violó como lo había hecho en el cuarto de arriba, sino que asesinó mi alma, o cuando menos aquella pequeña parte que había quedado viva después de haber atravesado por lo que ocurrió en mi niñez. Me forzó a hacer cosas que son demasiado dolorosas de describir, cosas que nunca había hecho y nunca volveré a hacer. No podía gritar. No podía rezar. Ni siquiera podía pedirle ayuda a Dios para regresar con Joey. Estaba en tal estado de estupor y miedo que lo único que pude hacer fue quedarme tirada, como si estuviera muerta. En cierto modo, creo que una parte de ti debe morir para que puedas atravesar por algo como esto. Es la única manera en que una persona puede sobrevivirlo.

Cuando terminó, me pateó hasta dejarme tirada boca arriba y me arrojó unos cuantos dólares más.

—Te pagaré por el tiempo que pases aquí —afirmó—. Guardaré tu dinero ahí —señaló hacia la lavadora. Entonces se puso de pie y me observó por largo tiempo.

Mis labios temblaban, tenía los ojos hinchados y sudaba y sangraba por todo el cuerpo. Giré la cabeza hacia la pared para no tener que mirar al monstruo directamente a la cara. Después de unos minutos, habló de nuevo:

—Tendrás que permanecer aquí hasta que me demuestres que puedo confiar en ti —dijo—. Quizá luego puedas subir a la parte de arriba.

Volvió a encadenarme al poste y a ponerme el casco. De salida apagó la luz. Me quedé ahí sentada en la profunda oscuridad. Me sentía destrozada. Sola. *Voy a morir aquí. Nunca volveré a abrazar a mi Joey.*

Estaba tan vapuleada y exhausta que volví a desvanecerme. Me recargué contra el poste y traté de respirar un poco mejor dentro del pesado casco. Recé porque todo esto fuera una horrible pesadilla de la que pudiera despertar pronto.

⌒⌒≺

ABRÍ LOS OJOS con el retumbar de sus pasos, *¡pum pum pum!* A través del espesor del casco pude escuchar que el tipo entraba al sótano. Después de esas primeras horas, nunca utilicé su nombre verdadero. Pensaba que un monstruo no merecía tener un nombre real, así que le llamé "el tipo".

Me arrancó con brusquedad el casco. Vestía una camiseta azul y unos andrajosos *pants*. Supuse que debía ser de mañana, porque no tenía los mismos *jeans* asquerosos que llevaba antes. Traía consigo un plato con comida y un vaso. Los puso sobre la mesa y se acercó a mí. Olía a pescado podrido.

—Tienes que comer algo o podrías morir —dijo.

¿Así que ahora te preocupa que pueda morir? —pensé—. *¡Qué imbécil!*

—Sé que no quieres comer la comida que te traigo, pero te probaré que está buena —continuó mientras metía el plato bajo mi nariz. Era espagueti cubierto con salsa de tomate—. Lo preparó mi madre. Ve, primero comeré un poco (usó su tenedor para tomar un poco de la pasta y la introdujo en su boca). ¿Viste? —comentó masticando con la boca abierta—. Está bueno.

Parte de la salsa se derramó por la comisura de su boca. Pensé que trataba de engañarme, pero me moría de hambre. ¿Cuántos días habían pasado desde que comí aquel panecillo la mañana que salí para mi cita?

Cuando puso el tenedor en mi boca, tomé un pequeño bocado. De hecho estaba bastante decente. Al ver que lo comía, puso un poco más de fideos en el tenedor y los metió a mi boca. Primero mastiqué lentamente, pero luego lo hice más rápido. Me fue dando más y más espagueti hasta que limpié el plato. *Quizá vaya a morir*, pensé, *pero cuando menos no me iré con el estómago vacío.* Terminé de comer, y tomó el vaso de la mesa.

—Aquí hay un poco de agua —dijo mientras sostenía el vaso junto a mis labios. Bebí con tal rapidez que casi me atraganté.

Antes de irse, desató las cadenas y las dejó un poco flojas para que pudiera alcanzar el escusado. Con "escusado" me refiero en realidad a un balde de color verde. Colocó el balde junto al poste.

—Úsalo cuando tengas que ir al baño —indicó. Durante un minuto se paseó por el sótano y regresó con un trozo de cartón. Lo arrojó encima del balde. Tal vez pensó que eso impediría que los olores salieran. Pero de todas maneras me dio gusto tener un lugar para ir al baño. Después de que te han robado la vida, incluso las cosas más básicas te hacen sentir agradecimiento.

CUANDO VIVES EN la oscuridad, pierdes la noción del tiempo. *¿Será lunes, viernes, martes o domingo? ¿Cuántos días he pasado aquí?* Debido a que apenas puedes ver alguna cosa, todo lo que escuchas y hueles se vuelve un indicio. Escuchaba sonar la alarma del teléfono del tipo, y suponía que debía ser de mañana, porque poco después podía oler el café. En un principio, al llegar a la casa, no estaba segura de dónde dormía el tipo, pero podía escuchar el despertador, así que supe que debía estar en el piso principal. Ese primer día que me encerró dentro del sótano, creí haber visto una pequeña habitación justo al lado de la cocina; ahí podría haber sido su dormitorio. De vez en cuando escuchaba el agua que corría por las tuberías, como si estuviera tomando una ducha o lavándose. No creo que lo haya hecho con mucha frecuencia; quizá una vez por semana, porque siempre apestaba.

El siguiente sonido que escuchaba era cuando se cerraba la puerta posterior y luego el ruido de su camioneta que retrocedía para salir de la rampa. Alrededor de veinte minutos después de eso se oía que la camioneta regresaba, se abría la puerta de sótano y él bajaba dando grandes zancadas. No me decía gran cosa, solo me daba de comer un sándwich de huevo de McDonald's y un poco de jugo de naranja. Durante varios días ese era mi único alimento. De modo que pensé: *Cuando sale de la rampa debe estar yendo al McDonald's.* Iba ahí casi todas las mañanas. Esa era la razón por la que el piso del sótano estaba tapizado con envolturas amarillas.

La mayoría de las veces, cuando bajaba al sótano por las mañanas, vestía uniforme: camisa color vino, pantalones negros y botas militares negras. Recordé que Emily me había contado que su papá conducía un autobús escolar, de modo que cada vez que estaba vestido con uniforme sabía que seguramente iría al trabajo. A continuación escuchaba el sonido del motor de la camioneta. Por la pequeña ventana del sótano siempre podía oír lo que sucedía en la rampa de la cochera. Varias horas más tarde, oía que regresaba en la camioneta y luego el sonido de la puerta de la casa, lo cual me indicaba que volvía del trabajo. No mucho tiempo después percibía el sonido de personas teniendo relaciones sexuales y me imaginaba que estaría viendo pornografía. En otras ocasiones ponía música en español. En ambos casos, siempre a todo volumen.

Un par de horas más tarde, por lo general bajaba al sótano vestido con una camisa de franela y *jeans*. A menudo olía a ron, a cerveza o a mariguana, la cual fumaba constantemente. Podía olerla por toda la casa. Cuando bajaba del último escalón, a veces ya traía desabotonados los *jeans* y el pene de fuera. Era común que ya lo trajera erecto, como si hubiera estado masturbándose. Si todas estas cosas ocurrían una tras otra, sabía que tenía que ser después del trabajo.

Finalmente llegaba la noche, que era cuando me hacía las peores cosas. Cada vez que llegaba el final del día y escuchaba las botas que bajaban por la escalera, intentaba prepararme para las siguientes tres o cuatro horas de tortura, pero en realidad no hay manera de prepararse para el infierno. La única forma de superarlo era fingir que no estaba sucediendo.

Por la noche o en los fines de semana, a veces se presentaba con un poco más de comida. Podía ser cualquier cosa, pero en general era algo que había estado largo tiempo a la intemperie, como pizza seca, frijoles agriados con arroz blanco y duro, yogur caliente y aguado, o un taco rancio; pura basura.

—Si quieres comer hoy —solía decir—, entonces será mejor que hagas lo que te mando.

Antes de que siquiera pudiera tomar un bocado, desataba las cadenas y me arrastraba hasta una pila de ropa sucia para hacerme las cosas más asquerosas imaginables. Mientras me hacía todo eso, yo intentaba dirigir mi mente hacia algo que me hiciera feliz. *Cualquier cosa.* A veces pensaba en la Navidad cuando le regalé la pelota de futbol a Joey. O el día que Roderick me regaló la pañoleta. O aquella ocasión en que mi prima April y yo nos divertimos tanto en la pista de patinaje. O en cuánto extrañaba el sabor de las papas fritas de Arby's. También pensaba en la música que me gustaba. Cantaba en voz baja "Las ruedas de los autobuses van… girando van… girando van… Las ruedas de los autobuses van". Cantar eso me hacía recordar la dulce sonrisa de Joey y su linda nariz de botón. Otras veces tarareaba "Lift Every Voice and Sing" o "Angel of Mine", ese hermoso himno del coro góspel de la iglesia bautista a la que iba cuando vivía bajo el puente. El tipo estaba tan ocupado torturándome que ni siquiera se daba cuenta del sonido que yo emitía.

Muchas noches me quedaba sin nada bueno que cantar o pensar antes de que cesara la tunda. Después de subirse los pantalones, se sentaba frente a mí a decir estupideces como:

—Nadie te está buscando —lo cual decía con una cruel sonrisita—. No han puesto ningún volante por el vecindario ni han dicho nada en las noticias. Puedo hacer lo que quiera contigo. A nadie le importas.

Intentaba actuar como si no lo escuchara, pero sus palabras me destrozaban en mil pedazos. Lo odiaba por decir esas cosas. Odiaba incluso más la sensación de que probablemente fuera cierto. *¿Alguien estaría buscándome?* Muchas personas en la tienda Family Dollar pudieron haberme visto salir con él; si mi familia puso volantes por el vecindario, ¿por qué nadie reconoció mi fotografía y le dijo a la policía que me había ido con él en su camioneta? Algo que me hacía sentir incluso peor, si es que eso era posible, era que quizá *nadie* estuviera buscándome.

Cada semana tenía algún otro indicio sobre qué día era. Una vez que estaba borracho y hablaba más de la cuenta, me contó que tenía una especie de grupo musical junto con otros amigos.

—Yo toco la guitarra. El grupo es realmente bueno —sonrió como si se hubieran ganado el Grammy o algo por el estilo.

Quería gritarle: ¿Crees que me importa un carajo tu estúpido grupo? Ahí estaba yo, encadenada a un poste en un horrible sótano, entre ropa sucia y ensangrentada, con marcas rojas por todo mi cuerpo debido a las cadenas, y con brazos y piernas llenos de moretones por las golpizas. ¿Cómo era posible que ese hijo de puta pensara que me importaba un comino su estúpido grupo musical? Yo solamente me encogía de hombros.

Un par de semanas después, una tarde me dijo:

—Los chicos de la banda vendrán hoy en la noche. Será mejor que no hagas ruido.

Estoy bastante segura de que era sábado, porque después de cinco días seguidos en que se había puesto su uniforme de chofer, era el primer día que no lo llevaba.

Más tarde, esa noche escuché los ladridos de Maxine en el patio, siempre se ponía como loca cuando alguien se acercaba a la casa. Luego oí varias voces, probablemente entre cinco o seis, pero no podría asegurarlo. Parecía un grupo de hombres que hablaban en español. Unos minutos más tarde empecé a oír la música. Sonaba como si estuvieran tocando la batería, una pandereta y una guitarra. Todos empezaron a cantar a volumen muy alto, también en español. Aunque pudiera haber soltado un grito debajo de ese casco, no había modo alguno de que esos hombres pudieran escucharme. La música estaba muy fuerte y yo estaba demasiado lejos de ellos. Por lo que pude enterarme, esos hombres venían casi todos los sábados. Esa fue otra forma de saber que era el primer día del fin de semana. Pero, para ser franca, en realidad no importaba mucho el día que fuera. Todos mis días terminaban exactamente de la misma dolorosa manera.

———

¿CÓMO TE SIENTES después de pasar sola tantas horas en la oscuridad? Empiezas a volverte un poco loca, eso es justo lo que sientes. A veces le hablaba a Joey como si estuviera en ese sótano conmigo. "¿Qué has hecho, mi osito amoroso?", decía. "Ven a darle un beso a tu mami". Gran parte del tiempo me devanaba los sesos para encontrar maneras de liberarme de las cadenas, pero después del primer día, cuando logré quitarme las bandas elásticas, el tipo se aseguró de que no pudiera retirarlas de nuevo. Así que no había nada que pudiera hacer más que sentarme en la oscuridad y tratar de mantenerme cuerda. Dormía por muchas horas. Si sabía que se había ido al trabajo, golpeaba con la parte trasera del casco contra el poste, con la esperanza de que algún vecino escuchase el ruido y llamara a la policía. Entre tanto rezaba, era algo que hacía durante horas. Recordaba el versículo de la Biblia que a menudo leía el ministro en el templo bautista:

Aunque ande en valle de sombra de muerte, no temeré mal alguno, porque tú estarás conmigo…

Pensaba: *si los vecinos no pueden oír mis gritos, quizá Dios lo haga*. Pero a medida que los días se convirtieron en semanas y las semanas en meses, empecé a preguntarme si Dios también se había olvidado de mí.

⤙⤚

EL TIPO ME mantuvo en ese sótano durante lo que parecieron ser meses. Intentaba llevar la cuenta de los días dentro de mi cabeza. *Un día. Siete días. Trece. Treinta y tres. Sesenta y uno. Noventa.* Pasé de los días espantosamente cálidos a los días mucho más fríos. Y como solo comía una o dos veces al día, perdí gran cantidad de peso. Cada semana, el tipo tenía que ajustar las cadenas.

El periodo que pasé en el sótano nunca me lavé ni tomé una ducha. Cuando me bajaba la regla, él lanzaba unas cuantas toallas de papel al suelo frente a mí. "Usa eso", me decía. Intentaba doblarlas una y otra vez para convertirlas en una especie de tampón, pero nunca me daba suficientes, por lo que todo mi cuerpo estaba cubierto de costras de sangre seca. También mi pelo estaba tan lleno de su semen seco, que al tocarlo se sentía duro como piedra.

Todo el sótano olía como un baño sucio, porque el tipo rara vez vaciaba el balde verde. Todavía tenía la misma camiseta y ropa interior que vestía desde el día que me secuestró. Mis pantaletas estaban tan sucias que cuando él llegaba a prender la luz, ya no podía verse el hermoso estampado de mariposas. En el exterior apenas había estado viva y dentro de ese sótano me estaba desmoronando.

Estaba tan agotada que dormía y despertaba de manera intermitente. A veces soñaba con Joey y siempre era el mismo sueño: daba saltitos alrededor, cuando de pronto alguien lo tomaba del brazo y empezaba a jalarlo lejos de mí. Intentaba alcanzarlo, pero estaba paralizada, incapaz de moverme. Conforme se alejaba de mí, empezaba a desvanecerse como si fuera a desaparecer y yo empezaba a gritar su nombre. Entonces despertaba.

Y cada vez que despertaba, la realidad me daba otra vez un golpe devastador. Abría los ojos y recordaba que estaba en el sótano del tipo. Sentía las cadenas que se clavaban en mi carne. Me hundía en la desesperación cuando intentaba de nuevo liberar mis manos de las ataduras y me percataba de que no podía lograrlo.

El estómago me gruñía y tenía fantasías acerca de mi comida favorita. Imaginaba en mi mente una orden grande de papas de Arby's con salsa picante, muy caliente y con un aroma celestial. En mi imaginación me tomaba todo el tiempo del mundo, mordisqueando pequeños trozos de cada papa frita deliciosa y enorme, hasta que vaciaba todo el recipiente. O recordaba algunas de aquellas comidas en la iglesia; la sensación de los cremosos macarrones con queso en mi lengua, la crujiente piel de pollo entre mis dientes. O esos bollos de mantequilla, tan suaves como almohadones, con el trozo dorado de mantequilla que se derretía en medio.

En mi mente lograba concentrarme tanto en la comida que, al abrir los ojos, requería de un minuto para darme cuenta de que no estaba en el sótano de la iglesia bautista con todas esas amables señoras que me ofrecían otra ración. En lugar de eso, estaba en el asqueroso sótano de un psicópata que era peor que cualquiera de los villanos de todas las historias de terror que hubiese leído.

De hecho, me percaté, *estoy* viviendo *dentro de una historia de terror*.

11

Lobo

⚓

—HOY TE VOY a llevar allá arriba.

El maniático tipo se quedó de pie frente a mí en la penumbra del sótano. No llevaba uniforme, por lo que supuse que debía ser fin de semana. Esa mañana había escuchado que bajaba por la escalera como siempre y pensé que era su visita de rutina, para llevarme algo de comida. Seguía medio dormida dentro de mi casco, así que me tomó por sorpresa escucharlo hablar. Abrió las cadenas y ordenó que me pusiera de pie. Las piernas me hormiguearon porque la sangre bajaba a mis pies; me sentía mareada y me tomé del poste para equilibrarme.

—Sígueme —indicó.

Empecé a emocionarme. *¿Después de todo me dejará ir?* Había mencionado que me dejaría libre en Navidad; ¿había pasado más tiempo del que creí? *Quizá finalmente confíe en mí. ¡Quizá al fin pueda salir de aquí!*

—Muévete —dijo, tomándome del brazo y alejándome del poste de un tirón.

Apenas podía moverme después de haber estado encadenada por tanto tiempo, pero logré dar un paso adelante. No dijo más acerca de la razón para cambiarme de lugar en forma tan súbita, y supe que sería tonto preguntar. Con su mano alrededor de mi brazo, me guió hacia las escaleras, vadeando las envolturas arrugadas de comida rápida y las herramientas grasientas. Luego lo seguí por las escaleras, tomada de la pared para no caer.

Llegamos al final y abrió la puerta: ¡La luz del sol! Me puse ambas manos frente a la cara. Al ver por primera vez la luz del día, después de permanecer largo tiempo en la oscuridad, ¡realmente quema los ojos! Al entrar a la cocina detuve mi marcha por un minuto y, por alguna razón, me lo permitió. Veía todo muy borroso y al principio me sentí mareada, hasta que mi vista se adaptó a la luz. También hacía más calor en la cocina luego del frío del sótano. Me froté los brazos dentro de mi delgada camiseta.

—Subiremos a la recámara —dijo señalando la otra escalera, y yo me asusté al pensar qué me esperaría en esta ocasión. Supuse que si pensaba matarme sería más probable que lo hiciera en el sótano, pero el tipo estaba tan loco que nada tenía sentido. Empecé a castañetear los dientes cuando me empujó escaleras arriba por delante de él.

Fuimos a la habitación rosa, donde me colgó el primer día. Los postes habían desaparecido y el viejo colchón estaba en una esquina. Al lado de este se encontraba un balde con un cartón arriba; ya sabía para qué era. Sobre la cama había una larga cadena con un candado. Parecía haber taladrado unos agujeros en la pared cerca de la cabecera de la cama y había colocado la gruesa cadena a través de estos.

—Ve para allá —indicó, mientras me empujaba sobre el colchón. Envolvió varias veces la cadena alrededor de mi cuerpo y luego la unió al radiador que estaba junto a la cama. La cadena me quedó tan apretada, que lo único que podía hacer era sentarme o permanecer acostada, pero no podía levantarme.

—Aquí es donde te quedarás por un tiempo —dijo. Quería escupirle la cara, pero sabía que eso me enviaría de vuelta al sótano. Al menos ahora estaba arriba, donde había luz.

Después de verificar la cadena, se bajó los *jeans* y de nuevo me violó.

—¿Por qué me haces esto? —pregunté, gimiendo e intentando quitarlo de encima—. ¡Por favor, detente! ¡No tienes que hacerme esto! ¡Por favor, déjame ir!

—¡Cállate! —gritó.

—¡Tan solo déjame ir! ¡Déjame ver a mi hijo! —gemí.

—¿Por qué haría algo por tu hijo? —respondió mientras me mantenía atrapada.

—¡Porque soy amiga de tu hija! —contesté, tratando de que me escuchara.

—Me odiaría si se entera de lo que he hecho —afirmó. Entonces puso su enorme mano sobre mi boca y siguió abusando de mí. Estaba tan pesado y yo era tan pequeña que no tenía la menor posibilidad de hacerlo a un lado.

Cuando terminó, empezó a hablar —mucho más de lo que había hablado antes en el sótano. Acostó su grueso cuerpo sobre el colchón y se acercó tanto a mí que podía sentir su aliento fétido en el rostro. Pensaba: *¡Óyeme, no soy tu mujer!* Eso era lo más extraño de este idiota: un instante podía estarme golpeando en la cabeza o forzándome a hacer cosas horribles, y al siguiente actuaba como si fuéramos grandes amigos o yo fuera su novia o algo por el estilo.

—¿Sabes? Los chicos negros acostumbraban golpearme todo el tiempo —me contó. Intenté hacer oídos sordos, pero era un poco difícil lograrlo, ya que estaba a unos centímetros de mi cara—. Se burlaban de mí porque era gordito. Un grupo de ellos me dio una golpiza y metió mi cabeza dentro del escusado.

Hablaba continuamente sobre lo intolerable que le parecía la gente negra. Platicó que tuvo una novia después de que su esposa lo abandonó, y que cuando era pequeño hubo gente que le hizo cosas sexuales horribles. También habló de cuánto le encantaba ver pornografía cada vez que tenía oportunidad y de cuánto le encantaba mirar a las chicas rubias.

—Quisiera haber llegado primero con esa niña JonBenet Ramsey —dijo—. Si algún otro cabrón no hubiera llegado primero, podía haber sido yo. —Sonrió, y yo hubiera querido darle un puñetazo justo en los dientes.

En otra ocasión hizo otro desagradable comentario similar acerca de Elizabeth Smart, a quien habían secuestrado apenas dos meses antes que a mí en el verano de 2002.

—Lo sé, estoy enfermo —comentó—. Odio ser como soy.

—Entonces, ¿por qué haces lo que estás haciendo? —mi voz estaba temblorosa—. Tan solo porque alguien te hizo algo malo no significa que voltees y hagas cosas malas a los demás.

Se quedó silencioso un momento y luego respondió:

—No puedo evitarlo. Tengo que lastimarte.

—Estás enfermo —dije, y al verlo fruncir el ceño añadí—, pero existe ayuda para gente como tú. ¿Por qué no me dejas ir y luego puedes ir a conseguir ayuda? No le diré a nadie que me secuestraste. Solo déjame ir y podremos olvidar que todo esto sucedió.

Durante un instante pareció meditarlo. Sostuve el aliento y entonces él frunció de nuevo las cejas y el alma se me fue al piso.

—No puedo hacerlo —dijo, negando con la cabeza—. Tendrás que quedarte conmigo un tiempo.

Empecé a llorar y le rogué:

—¡Lo único que quiero es regresar con Joey! ¡Solo tiene dos años y sé que me extraña! ¿No puedes dejar que me vaya?

Se mantuvo callado un buen rato y yo esperé, contra toda esperanza, que quedara un ápice de humanidad dentro de él.

—No llores —dijo finalmente—. Se supone que tú no debes estar triste. Quiero que seas feliz aquí conmigo. Se supone que somos una familia.

No podía creer lo que estaba oyendo. Este tipo retorcido me había secuestrado, golpeado y violado todos los días, ¿y esperaba que fuéramos una *familia*? Supe entonces que no solo estaba enfermo, era un completo psicópata. Vivía en su propio mundo de fantasía y yo tenía que encontrar el modo de salir de ahí. Intenté fingir que me quedaba dormida para que se fuera de la habitación, pero se quedó profundamente dormido con su grueso y velludo brazo alrededor de mi cintura y empezó a roncar. Procuré mover poco a poco las cadenas para ver si cedían, pero cada vez que me movía un centímetro, él lanzaba un gruñido y me abrazaba con más fuerza.

Al final, por la tarde, despertó.

—Y ni se te ocurra gritar porque subiré y te meteré un tiro —me amenazó al salir.

Dios mío, tiene un arma. Cerró la puerta de un golpe, y luego de un rato escuché que se iba en su camioneta.

Me senté en el colchón y vi los dos candados en mis cadenas. Uno era un candado de combinación y el otro se abría con una llave. Aunque muchas veces antes lo había intentado en el sótano, pensé que quizá hoy podría abrir el candado de combinación. Giré la perilla, tratando con diferentes combinaciones de números: el cumpleaños de Joey. Mi propio cumpleaños. Números aleatorios. Cada vez jalaba con mucha fuerza para abrir el asa del candado, pero nada funcionaba.

Después de otra hora de manipular el candado, miré por la ventana para descubrir que el sol se estaba ocultando. Fue entonces cuando empecé a rezar, y recé con más intensidad de lo que nunca lo había hecho en mi vida: *Dios, ayúdame por favor a escapar de este loco*, imploraba mientras las lágrimas me bañaban la cara. *Realmente necesito que me saques de esta casa. Necesito ver de nuevo a mi hijo. Por favor, Dios. Por favor.*

Recé la misma oración una y otra vez hasta que el cielo estuvo completamente negro y al final me quedé dormida.

Por la mañana me despertó el golpeteo de las botas del tipo que subía por la escalera. Al abrir la puerta, tenía en las manos un martillo y varios clavos. De su bolsa sacó un sándwich envuelto en papel amarillo, me lo entregó, y bajó otra vez dando grandes zancadas. Devoré el sándwich, temiendo lo que estaría planeando hacer a continuación. ¿Qué me hará con las herramientas? ¿Tenía planeada alguna otra tortura para mí? Le escuché subir por las escaleras, lentamente en esta ocasión. Oí sus bufidos y luego entró a la habitación llevando una pila de tablas que arrojó al piso. Algún objeto en su bolsa trasera formaba una protuberancia. De pronto empecé a sudar frío.

—¿Para qué es todo eso? —pregunté con voz entrecortada. *¿Está construyendo un ataúd para mí? ¿Ese bulto en su bolsillo es el arma?*

Me lanzó una sonrisita turbia y tocó su bolsillo trasero con la mano. Justo en ese instante supe que moriría.

Por favor, Dios, hazle saber a Joey que lo amaba. Hazle saber que nunca dejé de pensar en él. Que era la luz de mi vida…

El tipo extrajo algo de su bolsillo; vi el resplandor del metal de la pistola en su mano. *Dios mío, aquí viene… Dios, me va a matar…*

Me apuntó directamente con la pistola. Me tomó un minuto completo darme cuenta de que era un taladro inalámbrico.

—Me ayudarás a sellar todas estas ventanas —dijo—. Toma uno de esos tablones y sostenlo para que le haga unas perforaciones.

Me sentí desfallecer por el alivio de que no estuviera planeando dispararme. Abrió los candados que cerraban mis cadenas y luego me obligó a cubrir con tablas todas las ventanas del segundo piso. En ese piso estaban el cuarto rosa donde me colgó el primer día y el cuarto blanco que se comunicaba con el otro a través de una puerta. También había otras dos habitaciones al otro lado del pasillo: otro cuarto rosa y uno azul. En cada habitación me forzó a sostener los tablones mientras él los perforaba y los fijaba con largos clavos. Terminamos y me llevó a la habitación azul. Con el alma por los suelos me di cuenta de que estaba construyendo una prisión y se estaba asegurando que nunca pudiera salir de ahí.

HABÍA ESTADO ENCERRADA en el cuarto azul durante un par de semanas cuando empecé a hablar de nuevo con Joey. Según mis cálculos, estaba casi segura de que por lo menos había llegado el Día de Acción de Gracias y quizá ya eran los inicios de diciembre; eso significaba que la Navidad estaba a la vuelta de la esquina. No parecía que el hijo de puta estuviera siquiera cerca de dejarme ir como había dicho; de hecho, nunca más volvió a tocar ese tema. En lugar de ello, un día me dijo: "Te dejaré ir cuando consiga a otras dos chicas". Verificó el estado de mis cadenas y bajó a la planta baja.

Dios mío, pensé, *¡está planeando secuestrar a alguien más!* Esperaba que lo atraparan en el acto, que lo arrestaran y lo mandaran a la cárcel. Pero luego se me ocurrió una cosa: ¿Alguna vez alguien me encontraría si lo encarcelaban? ¿Moriría aquí, consumiéndome en la habitación del piso de arriba? ¿Me encontrarían a un año de distancia, como un cadáver putrefacto envuelto en cadenas? ¿Sabrían algún día quién era yo? Me pregunté qué habría hecho con mi bolsa. ¿Siquiera podrían identificar mi cuerpo? Estaba segura de que se había deshecho de mi cartera con mi identificación y la fotografía de Joey cuando era bebé.

Intenté tranquilizarme, pues no había indicios de que me dejaría libre en algún momento próximo. Traté de hacer lo que fuera para pasar las horas. Pensé en el día en que vi a Joey dar sus primeros pasos. Cuando tenía once meses, ya se paseaba por toda la casa dando pequeños pasos y sosteniéndose de los bordes de las mesas y las sillas, y yo le ayudaba a caminar por todas partes tomándolo de la mano. Se sentaba en el suelo y rebotaba sobre su trasero como si estuviera practicando para ponerse de pie. Una tarde, mientras estaba sentada en una silla, él empezó a tratar de impulsarse.

—¡Vamos Joey! ¡Tú puedes! ¡Ven con mami! —lo llamé.

Con una gran sonrisa que mostraba sus dos pequeños dientes frontales, se levantó y dio un paso hacia mí. Luego dio otro paso. Sostuve el aliento porque no quería que nada lo distrajera en su intento. Dio un par de pasitos más rápidos y luego cayó de sentón, pero el golpe se amortiguó gracias a los pañales. Su pequeño rostro parecía sorprendido y rompió en llanto. Levanté a Joey en mis brazos.

—¡Lo lograste, osito amoroso! ¡Diste tus primeros pasos! —exclamé mientras lo abrazaba. Él dejó de llorar y se me quedó viendo, con las pestañas húmedas por las lágrimas. Sus grandes ojos castaños tenían un color muy hermoso.

—¡Eso es fantástico! —continué—. ¿Sabes qué? ¡Serás un increíble jugador de futbol! ¡Este año te compraré un balón!

De pronto una sombra cubrió la entrada. El tipo entró y me di cuenta de que estuve hablando en voz alta.

—¿Con quién demonios hablas? —gritó.

—Con Joey —respondí—. Hablo con él todos los días.

Se me quedó viendo como si estuviera trastornada.

—Eres una putita muy loca, ¿no crees? —afirmó. Y yo pensé: *El burro hablando de orejas*—. Deja de hablar con gente que no está aquí —añadió.

Entonces fue cuando me vino una idea a la cabeza.

—Está bien, si me dieras el cachorrito que me prometiste —sugerí—, no tendría que hablar con Joey.

Cada oportunidad que tenía le recordaba que me había traído por primera vez a esa casa porque dijo que tenía un cachorro para mí. Pensé que si al menos tuviera un perro, eso me ayudaría a soportar las incontables horas que pasaba encadenada con la única compañía de cuatro paredes azules y con las ventanas cubiertas de tablones que impedían que siquiera pudiera ver un ave o las nubes que pasaban por el cielo.

Mi pequeña treta funcionó en dos sentidos. Unos días después, el tipo me trajo un pequeño radio viejo que colocó sobre el colchón y conectó a la pared.

—Sé que te aburres —comentó—, así que a veces puedes escuchar esta cosa. Pero no pongas muy alto el volumen o te lo quitaré. Y no escuches música de negros.

Estaba "casi demasiado" emocionada como para prestar atención a sus estúpidas reglas. ¡Tenía mi propio radio! ¿Se imaginan lo que es no escuchar música durante meses? O voces humanas aparte de la del tipo, además de que él en realidad no contaba como un ser humano. Encendí el radio a volumen muy bajo y sintonicé todas las estaciones. Finalmente llegué a la que siempre había sido mi favorita: 97.1 FM. Lo único que hubiera deseado era bailar por todo el cuarto para hacer algo de ejercicio, pero las cadenas estaban demasiado apretadas como para eso. Incluso tenía dificultades para usar el balde que estaba junto al colchón.

No había pasado ni una semana cuando recibí otra enorme sorpresa. El tipo se apareció en mi cuarto con una caja de cartón. Pude escuchar chillidos desde su interior. ¡Era un cachorrito!

—Aquí tienes, es tuyo —dijo mientras colocaba la caja en el piso junto al colchón. De hecho parecía feliz cuando me lo dio, como si le hubiera regalado un perro a su hija o algo parecido. El pequeño *pitbull* café con blanco saltó de la caja—. Solo asegúrate de que haga sus necesidades dentro de la caja —dijo.

Me enamoré del perrito desde su primer ladrido. Le llamé Lobo. Era tan pequeño que se veía como pegado al suelo; ¡era bajito como yo! Le enseñé a hacer popó dentro de la caja. Cada vez que el tipo subía, traía consigo una bolsa de plástico para sacar los desechos de Lobo y llevarlos afuera. Muchas veces sacaba al perro al patio para que hiciera sus necesidades y luego lo dejaba encadenado ahí mientras él regresaba a violarme. Para ser franca, limpiaba más los deshechos del perro que los míos; ¡difícilmente sacaba alguna vez mi balde! La habitación olía a cloaca, pero cuando tuve conmigo al cachorro, no me percataba mucho de ello. Todas las noches, Lobo se acurrucaba a mi lado y dormíamos juntos.

Amaba con todo mi corazón a ese perro. Tenerlo en el cuarto conmigo le daba mucha alegría a mis días. Al despertar, metía su hocico en mi oreja y lamía mi cara, y yo lo llevaba a su caja para que orinara. Luego lo sacaba de ahí, y lo sentaba en mi regazo, donde le frotaba las sedosas orejas mientras él me veía como si me adorara. Le decía a Lobo todo lo que haríamos en el día; a él no le importaba que nunca hiciéramos en verdad nada de eso.

—¿Qué te parece, Lobo? —le susurraba, porque no quería que el tipo me escuchara desde la planta baja—. ¡Finalmente saldremos hoy a caminar! Te llevaré a la calle para un lindo paseo por el barrio. Te pondré una correa para que no persigas ardillas ni te atropelle un coche. Te voy a enseñar a caminar como se debe con una correa. Luego nos detendremos en casa de mi prima Lisa…

En ese punto me quedaba en silencio. ¿Mi familia me estaría buscando o se había dado por vencida? ¿En qué andarían ahora Eddie y Freddie? Para la época en que me fui se habían mudado de casa de mi madre y me pregunté si en ese momento seguirían en Cleveland. Sin importar dónde estuvieran, estaba segura de que debían extrañarme. Lobo me miraba directo a los ojos con actitud de preocupación. Juro que ese perro sabía cómo me estaba sintiendo. Podía darme cuenta de que se sentía triste cuando yo lloraba y feliz cuando sonreía.

—Está bien, bebé —le decía mientras le acariciaba la cabeza—. Estoy bien. Un poco después iremos a caminar. Luego escuchaba los pasos en la escalera y le musitaba: "Será mejor que te regrese", y lo cargaba y colocaba dentro de la caja.

UNA TARDE, VARIOS meses después de haber recibido a Lobo, el tipo subió tambaleante por las escaleras. En cuanto traspasó la puerta supe que estaba borracho. Arrastraba las palabras y se tropezaba por todas partes, además de que apestaba a ron. No llevó a Lobo a la planta baja antes de tratar de subirse encima de mí.

—Trae esas nalgas para acá —dijo. Antes de que pudiese moverme, me tomó del pelo y me arrastró hasta el borde de la cama, todavía amarrada con las cadenas—. Esta noche harás todo lo que te ordene.

Cuando Lobo vio que el tipo me maltrataba, se puso a ladrar como loco.

—¡Cállate, estúpido perro! —exclamó el tipo.

Pero Lobo siguió ladrando. El tipo me dio una bofetada y me gritó que lo callara. Sentía la mejilla como si le hubieran prendido fuego. Un segundo después, Lobo se lanzó a su pierna e intentó morderlo, pero antes de que pudiera encajarle los dientes, el tipo lo atrapó al vuelo.

Sin parpadear siquiera, usó sus grandes manos para romperle el cuello al perro. Lobo soltó un último chillido y después se quedó quieto. El tipo arrojó el cuerpo destrozado de mi cachorro directo sobre el colchón.

—¡Mataste a mi bebé! —grité—. ¡Lárgate! ¡Vete en este instante! —Lo golpeé con los puños. No me importaba qué me hiciera en ese momento.

Sí, se fue, pero me llevó también a mí y al cadáver de Lobo. Me desencadenó de la cama y arrojó al perro dentro de la caja de cartón. Luego, llevando la caja en un brazo, me arrastró escaleras abajo. Cuando llegamos a la puerta trasera me advirtió: "Te reto a moverte de este punto", y salió y tiró el cuerpo de Lobo por encima de la cerca. Sabía que después me molería a golpes, pero sollocé y grité lo más fuerte posible por la puerta abierta y no solo porque mi pequeño ya no estuviera; también quería que alguien —*quien fuera*— me escuchara. Pero al parecer nadie lo hizo.

12

El patio trasero

SIN MI PEQUEÑO Lobo los días regresaron a una interminable cadena de horas de aburrimiento. Seguía teniendo el radio, pero extrañaba con toda mi alma al cachorrito. Todos los días hablaba con Joey, y a veces también con Lobo.

Le decía que era un buen perrito. Cerraba los ojos y me imaginaba que lo cargaba en mi regazo, acariciando su suave piel de cachorro. *Eres mi dulce perrito. Siempre estaremos juntos.* A veces me preguntaba si nos encontraríamos en el otro mundo, cuando ese hombre enloquecido que me tenía cautiva decidiera también romperme el cuello.

Una tarde, el tipo subió y me desencadenó mientras decía:

—Hoy voy a dejar que te sientes en el porche trasero.

Esa era una de las características extrañas en él: nunca podías saber qué haría después. Algunos días te traía un radio y un cachorro, y en otros desataba una tormenta violenta, comportándose como un borracho rabioso que te violaba y luego le rompía el cuello a tu cachorrito. El hombre que abusó de mí durante años en casa de mis padres nunca hizo nada cercano a la amabilidad, pero al menos sabía lo que podía esperar de ese desgraciado. Pero este tipo estaba tan trastornado, que era difícil descubrir cómo se podía lidiar con él. Aunque parecía estar haciendo algo bueno para mí —como dejarme salir al exterior— sabía que no era posible confiar en él.

Pero yo *sí* quería convencerlo de que podía confiar en *mí*. Desde hacía tiempo me había estado esforzando por lograrlo. A veces azotaba la puerta trasera de la casa disimulando que se iba a trabajar, y quince minutos más tarde volvía para ver si me había movido. También subía las escaleras sin hacer ruido para que yo no supiera que me estaba espiando. Pero no solo podía oírle, sino que desde un principio sabía que no se había ido. Es probable que no se haya dado cuenta de que podía escuchar cuando la camioneta entraba y salía por la rampa de la cochera. Si se escabullía al piso superior y se asomaba a mi habitación, yo me quedaba acostada sobre el colchón haciéndome la dormida y le seguía la corriente. Podía sentir su mirada sobre mí a través de la rendija de la puerta.

No sé por qué pensaba que podía haberme ido. *En serio, estúpido, estoy encadenada con dos enormes candados. ¿A dónde demonios crees que voy a ir?* Me imaginé que solo era otro aspecto más de su locura. Y estoy bastante segura de que trataba de asustarme al ponerme a prueba. Estaba jugando con mi mente, quería que yo pensara que si alguna vez intentaba escapar, él me atraparía. Una vez que me llevó a la cocina con él, noté que había dejado abierta una rendija en la puerta trasera, y pensé que lo había hecho a propósito. No intenté salir por la puerta. Sabía que no podría haber llegado más allá del porche antes de que me tomara por los cabellos. De modo que simplemente me quedé sentada en la mesa de la cocina y fingí no haber visto que la puerta estaba abierta.

La tarde que me sacó al porche arrojó sobre la cama una enorme camiseta verde y unos *pants* grises.

—Póntelos —ordenó.

La camiseta verde estaba cubierta con manchas de aceite. Los *pants* me quedaban demasiado largos. Ambas prendas olían a él: horrible. Pero lo crean o no, ¡olían menos mal que yo! Aunque se quedó parado frente a mí, me quité mi camiseta y me puse la verde que me dio. Conservé mis calzones de mariposas y me puse los *pants*.

—Sígueme —indicó. Fuimos a la planta baja y nos detuvimos en la cocina. Empezó a buscar algo. Fue la primera vez que pude ver el sitio donde el tipo debe haber dormido. No muy lejos de la cocina había una diminuta habitación. No tenía puerta, así que vi el interior. Había un televisor con una videocasetera y una cama tamaño *queen*. En la esquina había una guitarra. *Esa debe ser la que toca con su banda*, pensé. Era casi todo lo que podía caber ahí. En realidad era un cuchitril sin puerta.

De uno de los cajones de la cocina extrajo una peluca y unos enormes anteojos oscuros. La horrible peluca era de cabello castaño largo y estaba enmarañada. Me colocó los anteojos de manera brusca y me puso la peluca en la cabeza. Las hebras de pelo falso eran ásperas; se sentían como pequeños trozos de alambre que se encajaban en la parte trasera de mi cuello. Los anteojos de sol eran tan grandes que cubrían casi todo mi rostro. Me pregunté si alguien más había llevado esa peluca y a quién pertenecía.

Abrió otro cajón y sacó algo. Cuando volteé hacia él, vi que sostenía un revólver.

—Si intentas cualquier estupidez cuando salgamos, te dispararé —afirmó y empuñó la pistola frente a mi cara, al tiempo que soltaba la risita diabólica a la que ya me había acostumbrado—. Ni pienses que no te voy a matar, porque lo haré. Esta cosa está cargada. —Si trató de darme un susto de muerte, lo logró. Me puse a temblar detrás de esos anteojos. Metió la pistola en el bolsillo trasero de sus *jeans*.

Luego me sacó a empujones por la puerta trasera hacia el porche. *¡Ah, aire fresco! ¡Sol!* Era la primera vez en más de tres meses que salía al exterior. Ese día hacía bastante frío y crucé los brazos para conservar un poco de calor. Miré el patio, estaba tan lleno de cacharros como aquel primer día de agosto. Había cadenas oxidadas, como las del sótano, tiradas por todas partes.

Maxine, la perra, estaba encadenada a un poste. Cuando salimos empezó a ladrar un poco, después se tranquilizó. Vi herramientas y refacciones de automóvil, viejos trapos aceitosos y papeles por todo el lugar. Parecía como si hubiera estado construyendo algo en el porche. Había un largo trozo de madera y una sierra eléctrica sobre una mesa.

—Voy a cortar esta tabla por la mitad y tú me ayudarás —indicó.

Tomé un extremo del tablón mientras él lo cortaba con la ruidosa sierra. Todo el tiempo me sonrió con una mueca de maldad, como si en realidad fuera a *mí* a quien quisiera cortar en dos. El aserrín de la madera se metió debajo de los grandes anteojos y llegó hasta mi nariz. Empecé a toser y a estornudar un poco.

—Ve a sentarte allá —ordenó y señaló una sucia silla plegadiza. Caminé hasta ahí, y me senté. No me quitó la vista de encima en todo el tiempo.

De pronto, vi a un hombre blanco mayor en el patio contiguo, pero no era el mismo que me saludó el día que llegué a la casa. Nos miró a ambos, pero no dijo nada. Quería gritarle: "¡Ayúdeme! ¿No se da cuenta de que estoy en problemas? ¡Llame a la policía!". Pero tenía demasiado miedo de lo que el maldito loco pudiera hacerme.

Cuando miré de nuevo al tipo, me veía directamente a los ojos. Acarició la pistola que traía en el bolsillo trasero, como recordándome: "Si te mueves, te dispararé". Supuse que estaba suficientemente desquiciado como para hacerlo, así que me quedé sentada muy quieta. Cuando vi que el vecino había regresado a su casa, tuve esperanzas. *Quizá sabe que esto es raro. ¡Tal vez llame a los policías!* Pero si lo hizo, la policía nunca se presentó. ¿Cómo es posible que un hombre vea a una jovencita vestida de modo tan extraño y sin un abrigo en un día frío, y no piense que algo está fuera de lugar? Sencillamente no podía entenderlo; eso me enfureció y todavía lo hace.

Nos quedamos afuera durante cerca de media hora, antes de que me regresara a mi prisión azul. Me obligó a devolverle toda la ropa, no solo la camiseta verde y los *pants*, sino también mi propia camiseta y mi ropa interior. Así que ahora estaba completamente desnuda cuando me encadenó.

—Tengo frío —le dije—. ¡Necesito esa ropa!

Se encogió de hombros y respondió:

—Te quedarás desnuda el tiempo que yo quiera que te quedes así —y luego abandonó el cuarto.

Me acosté sobre el colchón y mis dientes empezaron a castañetear. Durante los siguientes cuatro meses no me dio ropa alguna.

En retrospectiva, me parece que fue un tanto estúpido de su parte sacarme de la casa; ¿qué habría pasado si alguien del vecindario hubiera visto mi aspecto sospechoso con esa peluca y los anteojos? Pero, de nuevo, él estaba enterado de que nadie me buscaba. Casi todos los días me recordaba que no había visto nada en televisión, ni un solo volante en el barrio que anunciara mi desaparición.

Siempre me repetía: "No eres nadie". No le respondía, pero me preguntaba si estaría mintiendo. Con toda seguridad alguien de mi familia había notificado a la policía que estaba perdida. Rogaba a Dios que eso fuera cierto.

Por lo menos algo bueno salió de mi tarde en el porche trasero. Una vez más le demostré al tipo que podía "confiar" en que no intentaría escapar. Supuse que si continuaba haciendo lo mismo durante el tiempo suficiente, quizá se relajaría y bajaría la guardia. Entonces podría intentar mi huida.

Pocas semanas después llegó Navidad. Lo supe porque había estado escuchando el radio. Todo el día me senté en esa cama a llorar. Los ojos me ardían por haberlos frotado tanto. Se apareció en mi habitación con un pastel blanco que tenía espolvoreadas chispas rojas y verdes. Parecía comprado en un supermercado.

—Aquí tienes. Feliz Navidad —anunció.

Dejó el pastel sobre el piso y se me quedó viendo de pies a cabeza, como si fuera un trozo de carne. Mi cuerpo estaba azulado de frío.

—Ahora ya sabes lo que tienes que hacer si quieres un poco de pastel —afirmó. Yo ni siquiera le dirigí la vista.

Mientras el tipo me violaba esa noche, pensé en todo aquello de lo que me había perdido. *Septiembre. Octubre. Noviembre. Diciembre.* El año había terminado, y mi deseo de vivir casi se había ido junto con este. Me sentía tan sola, deprimida y asustada. ¿Cómo puedo seguir aquí? Solo había una cosa que me obligaba a respirar: el recuerdo de Joey.

Me pregunté dónde estaría pasando la Navidad mi osito amoroso. *¿Quiénes son sus nuevos padres sustitutos? ¿Es tan feliz hoy como lo fue en la Navidad cuando se levantó tan temprano y cantamos juntos? ¿Se pregunta a dónde ha ido su madre? ¿Me extraña todos los días?* No contaba con ninguna respuesta. Lo único que tenía era a un engendro montado encima de mí y un pastel de supermercado que me negué a tocar.

13

Televisión y una regadera

D ICIEMBRE FUE FRÍO, pero en enero casi me congelé. Cada vez que el tipo entraba a mi cuarto, le rogaba que me diera algo para vestirme, pero no me daba nada.

—No estás aquí para estar calientita —dijo—. Estás aquí para una sola cosa.

Para fines de febrero, juraría que ni siquiera podía sentir los labios ni los dedos de mis pies. Le rogué de nuevo que me diera una camisa, unos guantes, un sombrero, calcetines o sudaderas... *cualquier cosa*. Finalmente me arrojó un pequeño trozo de tela de algodón. Era como un pedazo desgarrado de sábana. Apenas tenía el tamaño suficiente para cubrir mi pequeño cuerpo, pero era mejor que nada.

Junto a mi cama había un radiador, pero me estiraba para tocarlo, y apenas estaba tibio. Toda la casa estaba helada. Muchos días vi el vapor de mi aliento. Lo único que podía hacer era enterrar mi cuerpo debajo de mi pequeña almohada, la cual traté de convertir en un iglú. Las únicas veces que conseguía obtener un poco de calor era cuando el tipo me violaba, pero francamente creo que hubiese preferido morir de congelamiento.

Alrededor de marzo, entró en mi habitación con un pequeño televisor a color. Dijo saber que me aburría. Colocó el televisor sobre una pequeña repisa junto al colchón. Con las cadenas puestas, apenas podía alcanzarlo.

—No tendrás esto por mucho tiempo, así que no te acostumbres —comentó—. Y no dejes que te sorprenda viendo cosas de negros.

Conectó el aparato y puso el volumen a nivel muy bajo. Me parecía raro que le diera un televisor a una chica a la que había secuestrado, pero nada en él hacía sentido. Pensé: *¿De verdad? ¿Ahora te importa que me aburra, con todas esas cosas asquerosas que me haces y sin darme ropa en los últimos dos meses? Y aparte de eso, ¿te preocupa que vea cosas de personas negras?*

Ese televisor cambió mi vida. De pronto tuve un modo de averiguar qué pasaba fuera de esa espeluznante casa, cosas de las que no me enteraba a través del radio. No solo escuchaba las noticias, también podía *verlas*, además de enterarme de lo que sucedía en todo el país. Podía ver algunos programas, en lugar de solamente oír música. En verdad me ayudó a pasar el tiempo y lo único que tenía era eso: tiempo.

No pasaba un solo día que no soñara con Joey y me preguntara qué estaría haciendo. *¿Habrá ido hoy a la tienda? ¿Tuvo una pesadilla para la que no estuve presente? ¿Jugó en el parque? ¿Tiene un perro? ¿Cambiaron su nombre? ¿Qué cosas están pasando en el mundo que lleguen a afectarle?* De modo que cuando el tipo se apareció con el televisor, sentí que me volvía loca de emoción, pero por fuera traté de actuar como si no me importara.

Aunque me dijo que no viera las noticias ni programas de gente negra, a veces de todos modos lo hacía. Una noticia enorme sucedió a mediados de marzo, cuando encontraron a Elizabeth Smart. Estaba tan feliz de que estuviera viva y de regreso en su casa. Eso me dio esperanza de que tal vez me descubrieran y también me liberaran.

También me enteré de muchas otras cosas: el año anterior, Michael Jackson había sacado a su bebé fuera del balcón (*¡Dios* *de los cielos!*). Los Ángeles de Anaheim derrotaron a los Gigantes de San Francisco en la Serie Mundial (por alguna razón, me encantaba el beisbol… Siempre deseé tener la estatura suficiente para jugar). Supe que Kelly Clarkson había ganado la primera temporada de *American Idol*, pero no pude ver todos los episodios de la segunda temporada porque había muchos concursantes negros y era arriesgado que el tipo entrase al cuarto y los viera. Después oí que Reuben Stoddard había ganado. Desde el principio sabía que *eso* sucedería… ¡ese hombre sí que sabe *cantar*!

Mi programa favorito era *Everybody Loves Raymond*. Me hacía reír tanto que casi me orinaba, pero también me entristecía. En varios de los episodios, Raymond llevaba a su familia a divertirse. Iban al cine o al parque. Una vez incluso tuvo una cena romántica con su esposa. Cosas como esas me hacían llorar, porque no las tenía y sabía que quizá *nunca* las tendría. Era como si todo el mundo solo siguiera su marcha y continuara con su vida, en tanto yo estaba atrapada en ese infierno.

Aun cuando el tipo venía a mi cuarto en las noches, por alguna razón me permitía dejar el televisor encendido. Al escuchar el sonido de sus botas por la escalera, me apresuraba a cambiar de canal para asegurarme de que no hubiera ninguna persona negra en la pantalla. A veces, mientras me violaba, volvía mi cabeza a un lado e intentaba mirar el último episodio de *Everybody Loves Raymond*. Si pasaba algo gracioso, podía escuchar las risas del público. Era un tanto extraño oír todas esas risas mientras tenía a un hombre montado encima de mí, porque en mi interior yo estaba llorando a mares.

NO MUCHO TIEMPO después de que recibí el televisor, tuve otra sorpresa: una regadera.

Una mañana me dijo que olía muy mal. *¡Qué descubrimiento, no jodas!* Después de casi ocho meses sin bañarme, estaba en una situación bastante asquerosa. Mi piel blanca se veía color marrón. Tenía costras de sangre seca, suciedad y orina por todo el cuerpo. Mis piernas estaban tan velludas que parecían de hombre. Y nunca me acostumbré a mi propio olor. Era tan repugnante que a veces me provocaba náuseas.

—Te llevaré al baño para que puedas lavarte —dijo. *¿Será algún truco perverso? ¿O es otra prueba? ¿Realmente me dejará bañarme?* No tenía idea. Me desencadenó y lo seguí fuera de la habitación. Después de estar tanto tiempo atrapada en la habitación azul, bajar por la escalera me hizo sentir un poco mareada, de modo que daba cada paso lentamente.

El baño estaba en la planta principal. Nunca había entrado en él. Me abrió la puerta y dijo:

—Te esperaré aquí afuera —y me entregó un diminuto pedazo de jabón—. Apresúrate —señaló mientras cruzaba el umbral.

El baño era un total desastre. El escusado estaba cubierto de costras de suciedad café. Había telarañas en cada esquina. Toda clase de basura cubría el piso. Había moho en las paredes. Bajé el asiento del sanitario y me senté. Aunque fuera por una vez, quería utilizar un baño como persona normal en lugar de hacerlo como animal salvaje. Cuando la orina golpeó contra el agua, pude sentir que toda la taza del baño se mecía de un lado a otro; no estaba atornillada por completo al piso. No había papel sanitario. Solo tuve un pensamiento: *¿Cómo demonios puede una persona vivir de esta manera?*

Me vi en el espejo sobre el lavabo. Mi aspecto era horripilante. Mi cabello castaño llegaba ahora a la altura de mis hombros y estaba parado en picos que iban en todas direcciones. Estaba tan lleno de semen que se sentía duro como piedra. Tenía los ojos enrojecidos por los meses de constante llanto. Mi rostro estaba pálido porque difícilmente veía la luz del sol. Tenía moretones violáceo-amarillentos en ambos lados de la cara por todas las veces que me había golpeado en la cabeza. Empecé a llorar y me pregunté: *¿En verdad está pasando esto? ¿Pasaré el resto de mi vida en este sitio?* Aunque había estado en esa casa durante cerca de ocho meses, seguía sintiéndome atrapada dentro de una película de terror; y al ver mi rostro amoratado, me di cuenta de cuán real era todo. Al ver mi pelo, decidí que por lo menos podía hacer algo al respecto.

El tipo golpeó la puerta con el puño y gritó que me diera prisa. Entré en la tina. Estaba asquerosa y todo alrededor tenía un círculo de suciedad negra. Abrí el agua caliente, y aunque la dejé correr por un minuto, únicamente salía agua fría, así que apreté los dientes y entré. *Dios mío*, estaba helada. Me froté con el pequeño trozo de jabón y el agua que resbalaba por mi cuerpo era negra.

—¿Qué diablos haces ahí adentro? —rugió el tipo.

Salí con rapidez de la regadera y asomé la cabeza por la puerta.

—¿Me puedes dar unas tijeras? —pregunté.

Me lanzó una mirada tan extraña, que pensé que no me daría nada. Pero entonces se alejó y regresó con unas tijeras pequeñas que me entregó; por alguna razón que desconozco, no me preguntó para qué las necesitaba.

—Tienes cinco minutos para salir de ahí —exigió.

Me apresuré a volver a la regadera y me llevé las tijeras a la cabeza. Obviamente carecían de filo y no me hubieran funcionado como arma. Tenía que apretarlas con todas mis fuerzas para cortar mi pelo enmarañado. *Clip. Clip. Clip.* Tenía el cabello tan endurecido, que para lavarlo tenía que cortarlo lo más posible, de modo que lo dejé a la altura de mis orejas. El pelo cayó al desagüe. La tina estaba tan sucia que apenas podía distinguir qué correspondía a mi pelo y qué era el anillo de mugre. Intenté cortar también un poco del vello de las piernas porque me daba comezón, pero las tijeras no tenían filo suficiente.

No tenía con qué secarme, así que solo hice lo posible por sacudirme parte del agua y me quité el resto con las manos. Abrí la puerta del baño y encontré al tipo que seguía ahí de pie. Me arrebató las tijeras de la mano.

—Te cortaste el pelo —afirmó sorprendido, pero yo no le respondí. Luego me empujó a la pequeña habitación del piso principal—. Súbete ahí —dijo y señaló la cabecera de la cama, donde había puesto cadenas y candados como los que tenía arriba. Me encadenó y quedé tendida en la cama mientras él veía unos programas extraños en televisión por cable acerca de personas que tienen extraños fetiches. Luego vio un video pornográfico. Después puso otro y luego otro más. Entonces me jaló al otro lado de la cama y empezó a jugar con mis senos; mientras me violaba, me forzó a decirle ciertas cosas.

—¡Dime que te está gustando —gritó. Yo no lo dije, así que me dio un manotazo en la cabeza. Todavía tenía el pelo húmedo por la ducha—. ¡Dime que te gusta mi pito! ¡Dime papacito!

Durante un buen rato no quise cooperar y siguió golpeándome. Empecé a darme cuenta de que eso duraría mucho tiempo más si lo ignoraba, de modo que terminé diciéndole lo que me ordenaba. Pero cada vez que salía una de esas palabras asquerosas de mi boca, me odiaba por haber cedido.

14

La segunda chica

~~

"A YER, 21 DE abril, se informó de la desaparición de la joven de dieciséis años, Amanda Berry". Cuando oí que un reportero de televisión decía esas palabras, me incorporé y me incliné hacia el televisor para subir un poco el volumen. "Se vio por última vez a la chica saliendo de su trabajo en un restaurante Burger King de la avenida Lorein y la calle 101 oeste en Cleveland".

Eso está cerca de aquí, pensé. En la pantalla apareció la fotografía de una joven rubia a quien reconocí. *¡Esa es la niña que estaba en mi clase de arte!* Era mucho más joven que yo, pero como yo llevaba tanto retraso en la escuela, terminamos compartiendo algunas de las mismas clases.

De inmediato se me revolvió el estómago porque estaba segura de que el tipo se había robado a Amanda. Siempre estaba diciendo que en cuanto tuviera a otras dos chicas, me dejaría ir.

Amanda tenía el estilo de mujer que decía gustarle: joven y rubia. Siempre comentaba sobre lo mucho que le gustaría acostarse con rubias como Britney Spears y Christina Aguilera. Además, yo sabía dónde se ubicaba ese Burger King. No estaba demasiado lejos de su casa y el tipo siempre iba a restaurantes de comida rápida. Al juntar todas esas pistas, estaba segura de que él la había secuestrado. Un par de días después de ver la noticia por televisión, empecé a escuchar con mucha atención para detectar nuevos ruidos en la casa, pero no oí nada y pensé que quizá me había equivocado.

Pero después de tres o cuatro semanas, sucedió algo. El tipo empezó a poner música a todo volumen durante todo el día, con más frecuencia de lo acostumbrado. Y sonaba como si viniera del sótano y no de su dormitorio. *Debe tener a Amanda encerrada en el sótano, igual que hizo conmigo.* Supuse que no quería que yo escuchara sus alaridos. Lo que estuviera pasando, sabía que no podía ser bueno.

Una tarde, el tipo subió a mi cuarto y se sentó sobre la cama.

—Quiero presentarte a alguien que traje a la casa —dijo.

Me quedé en silencio un instante antes de decir algo. Estaba tan furiosa con él por secuestrar a otra chica. ¿No podía estar satisfecho con arruinar solo mi vida y tenía que destruir también la vida de otra persona? Estaba tan indignada que decidí confrontarlo, sin importar lo frenético que se pusiera.

—No me tienes que decir su nombre. Ya sé que es Amanda. —Se me quedó viendo sorprendido.

—¿Cómo sabes? —preguntó.

—La vi en televisión. Yo iba a la misma escuela que ella y no soy una retrasada mental. Sé que lo hiciste.

Se quedó callado.

—No es Amanda —dijo finalmente, y se levantó y se fue.

Al día siguiente me cambió del cuarto azul para regresarme al cuarto rosa. Las ventanas seguían cubiertas con tablones desde el día que me obligó a ayudarle a tapiar el lugar. Ahí también había puesto cadenas atadas a la cama y a las paredes, y las utilizó para encadenarme. Había basura por todas partes: trozos de pizza que seguían dentro de las cajas, sándwiches echados a perder, comida china seca al fondo de los recipientes de comida para llevar. Parecía como si hubiera estado comiendo ahí todos los días y arrojara las sobras al piso. El olor era nauseabundo.

Después de que me encadenó, se llevó mi televisor y dijo que se lo daría a Amanda. *¿Se lo llevará al sótano o subirá a Amanda a uno de los cuartos de la planta alta?* No tenía idea. Pero escuché que hacía mucho ruido en el cuarto blanco que estaba contiguo. Entonces pensé que quizá había puesto el televisor ahí.

Más tarde ese día, regresó a mi cuarto con otro televisor: un pequeño aparato blanco y negro con antenas de conejo.

—De ahora en adelante usarás esta tele —dijo y colocó el aparato junto a mi cama. Cuando subí el volumen, incluso al máximo, apenas podía escucharse algo.

—No funciona —alegué, pero él se encogió de hombros y salió.

Al día siguiente me quitó las cadenas y luego se fue de la habitación. Un minuto más tarde entró con Amanda. La reconocí por la clase de arte y su foto en televisión. En cuanto la vi, rápidamente jalé el pequeño trozo de sábana para cubrir la mitad de mi cuerpo desnudo.

—¡Ella tiene lo mismo que tú! —comentó el tipo al ver que trataba de cubrirme—. Es la novia de mi hermano —continuó. No podía creer que tratara de decirme una mentira tan estúpida. Solamente me le quedé viendo.

Amanda no era la chica sonriente que recordaba de mi clase de arte. No habló ni demostró que me reconociera. Solo nos miramos una a la otra. Como es de suponer, se veía asustada y desorientada. Tenía el pelo a la altura de los hombros y lo llevaba atado en una coleta. Vestía una piyama gris que le quedaba demasiado grande y que obviamente era de hombre, porque el pantalón tenía abertura al frente. Miró por toda la habitación la basura que llegaba a la altura de los tobillos y las ventanas tapiadas. Imaginé que estaba en shock por el desastroso estado de la casa y por el hecho de estar prisionera. En ese momento, el tipo se la llevó. Toda la reunión duró menos de un minuto.

Al otro día, el tipo regresó y me desencadenó. —Ven conmigo —dijo. Me condujo al cuarto blanco, donde Amanda estaba sentada en el colchón. Apenas levantó la vista para vernos a los dos cuando entramos. *Supongo que aquí es donde la va a tener*, pensé. Sentí lástima de esta joven chica y por lo que tendría que soportar; solamente esperé que su sufrimiento no fuera tan malo como el mío.

Al principio creí que Amanda no tenía cadenas, pero movió la pierna y pude ver una cadena alrededor de su tobillo. Estaba vestida, según recuerdo, con *pants* y una camiseta. *Me pregunto por qué ella sí puede llevar ropa*, pensé. El televisor a color que se había llevado de mi cuarto estaba sobre una cómoda cerca de la cama. Cuando vi a la chica esa tarde, de nuevo intenté cubrir mi cuerpo desnudo con mis brazos y manos. Sentía mucha vergüenza, pero no podía hacer nada al respecto. El tipo caminó de un lado a otro de la habitación y pude oír que buscaba algo dentro del clóset.

—Te conozco de la escuela —dije a Amanda—. Estabas en mi clase de actividades artísticas. —Me miró directo a los ojos.

—Yo asistí a la secundaria John Marshall —afirmó finalmente en voz baja.

Asentí y le confirmé que yo también había ido a esa escuela. Aún no estaba segura si me recordaba; supuse que tal vez no, porque siempre me sentaba en la parte trasera del salón. Intenté pensar en algo que pudiera decirle para que se sintiera menos asustada.

—¿Cuántos años tienes? —preguntó.

—Veintidós. —Apenas un par de semanas antes, en el radio habían dicho que era 23 de abril: mi cumpleaños.

Amanda enarcó las cejas.

—Pareces de trece. ¿Cuándo te…?

Justo en ese instante, el tipo entró a la habitación. Me entregó una camiseta masculina blanca de talla extra grande. Rápidamente la deslicé sobre mi cabeza.

En aquel momento no lo sabía, pero no tendría oportunidad de hablar otra vez con Amanda durante largo tiempo, que serían *meses*. Algunos días podía oír que la desencadenaba y la llevaba al dormitorio de la planta baja; me rompía el corazón pensar en lo que probablemente le estuviera haciendo. Los días que el tipo estaba en el trabajo, podía oír el televisor de Amanda. Si por casualidad yo veía en las noticias algo relativo a su secuestro, subía lo más posible el volumen. Aunque el sonido estaba descompuesto, esperaba que Amanda alcanzara a oír y darse cuenta de que debía encender su televisor para ver las noticias. Debe haber estado muy infeliz, de modo que quería hacerle saber que había gente que seguía buscándola. Es posible que yo me haya sentido sola y olvidada, pero no quería que alguien más pasara también por eso.

Unas veces, después de que Amanda llegó a la casa, el tipo nos llevó a las dos a la cocina. No tenía idea de la razón. En realidad no teníamos mucha oportunidad de hablar la una con la otra; solo nos saludábamos y nos dábamos un rápido abrazo. Si él salía de la habitación por un segundo, yo aprovechaba para decirle en voz baja a Amanda que todo estaría bien y algún día volveríamos a casa. Sus ojos estaban enrojecidos de que había estado llorando.

Era evidente que el tipo no quería que pasáramos tiempo juntas. Aunque nos tuviera en el mismo cuarto, se aseguraba de que el encuentro durara menos de cinco minutos. Tenía tantas preguntas que quería hacerle a Amanda: ¿Cómo te trajo a la casa? ¿Te tuvo en el sótano y te puso el casco cuando llegaste aquí al principio y por esa razón no te vi durante un tiempo? ¿Qué cosas te hace cuando va a tu cuarto? ¿Estás muerta de miedo como yo? Y más importante aún: ¿Crees que tengamos posibilidad de escapar de esta cámara de tortura?

Durante toda esa primavera, el tipo nunca admitió ante mí que Amanda no fuera la novia de su hermano. No sé por qué me contó esa estúpida mentira después de que le dije que sabía que la chica era Amanda y que había asistido a la misma escuela que ella. Una noche, cuando el tipo me llevó a su cuchitril, puso un canal por cable. La madre de Amanda estaba en un noticiero rogando a la gente que le ayudara a encontrar a su hija.

—Yo soy más listo que esos estúpidos policías —comentó el tipo entre risas—. ¿Ves eso? —añadió, señalando en dirección a las escaleras—. Por lo menos hay alguien que la busca. ¿Pero a ti quién te busca? Nadie. Eso es porque no significas nada para nadie. Puedo tenerte aquí por siempre y nadie te echará de menos.

Podía haberme puesto a llorar, pero cuando has estado encerrada durante un año, se te acaban las lágrimas. Me pregunté si acaso me estuvieran buscando, ¿por qué no aparecía alguien de mi familia en televisión? Aunque yo había estado desaparecida durante un tiempo, podría pensarse que la desaparición de Amanda daría pie a que se preguntaran si habíamos sido secuestradas por la misma persona; bueno, eso si desde un principio alguien hubiera hecho un escándalo sobre mi desaparición.

15

Embarazada

～✕

N O MUCHO TIEMPO después de que Amanda llegó a la casa, desperté sintiéndome tremendamente mal. Intenté comer un poco de sobras de pizza que el tipo había dejado tiradas, pero vomité. Sentía los senos muy adoloridos. Empecé a vomitar todos los alimentos que me daba y supe que estaba embarazada; me sentía exactamente igual que en mi primer embarazo con Joey.

El tipo no se dio cuenta de inmediato. Mi habitación estaba tan asquerosa que probablemente no haya detectado mi vómito en el piso. De hecho, intenté ocultarle mi embarazo porque no sabía qué me haría si llegaba a descubrirlo. Sin importar lo enferma que me sintiera, cuando él llegaba a mi habitación actuaba como si estuviera bien. Sé que sonará extraño, pero en mi estado mental debilitado y desorientado, sentí que quería tener otro bebé. Extrañaba tanto a mi hijo que me dolía todo el cuerpo. Y ni siquiera tenía ya a mi pequeño Lobo. Al menos podría tener algo que fuera mío, un bebé que creciera en mi vientre, a pesar de que el padre fuera el demonio mismo.

Durante las siguientes semanas después de haber traído a Amanda, venía a mi habitación con mucha más frecuencia: en las mañanas antes del trabajo y luego dos o tres veces por la noche.

—No quiere que se lo haga —me dijo—, así que tendrás que hacerlo tú.

Por más que odiara que viniera a mi cuarto, estaba feliz de escuchar que Amanda estaba defendiéndose de él.

—No quiero forzarla a hacer cosas y que luego se ponga a llorar —añadió.

Pensé: *¿pero a mí está bien hacerme llorar?* Me pregunté por qué parecía tratarla de manera tan diferente a como me trataba a mí. ¿Por qué le daba el mejor televisor? ¿Por qué me obligaba a hacer los actos sexuales más asquerosos y me decía que era porque ella no tenía ganas de hacerlos? Supuse que era por su obsesión con las rubias. Pero no culpaba a Amanda por la forma en que el tipo trataba a cualquiera de las dos. Era un psicópata degenerado que nos tenía encadenadas a ambas; toda la situación era resultado de su mente retorcida.

Una noche empezó a morder y chupar mis pezones con gran fuerza. Siempre me decía que tenía predilección por las chicas con grandes senos, estoy casi segura de que esa fue una de las principales razones por las que me escogió para secuestrarme.

De pronto se detuvo.

—¿Qué es esto? —dijo. De mi pezón salió un poco de líquido blanco. Lo limpió con la mano y se le quedó viendo. Era leche.

—¡Debes estar embarazada, ramera desgraciada! —gritó. En ese instante se quitó de encima de mí—. ¡De ninguna manera tendrás un bebé en esta casa! —exclamó. Luego salió dando un portazo y bajó a grandes pasos por la escalera.

El maldito empezó a tratar de matarme de hambre para que perdiera al bebé. Siguió yendo a mi cuarto para tener sexo todas las mañanas y las noches, pero nunca traía comida. Una noche, después de haberme dejado sin comer por un par de semanas, entró a mi habitación con una enorme pesa.

¡Maldición!, pensé. *¿Qué hará con eso?*

Todo mi cuerpo tembló de pánico cuando caminó hacia mi cama. Bajó la pesa, me tomó de un pie y me arrastró hasta el borde del colchón.

—Es el momento de librarnos de ese pequeño problema —declaró—. ¡Párate, perra!

—¡No! —grité— ¡Aléjate de mí! —Pero me dio un jalón y me tiró al suelo. Las cadenas me cortaban el cuello cuando me puso de pie.

En cuanto tomó de nuevo la pesa, empecé a gritar con todas mis fuerzas.

—¡No, no, no! —grité— ¡Detente! ¡Por favor no mates a mi bebé!

Intenté alejarme de él y volver a la cama, pero me tomó del cabello, y entonces balanceó la pesa con gran fuerza y me golpeó en el estómago.

Empecé a dar alaridos y caí de rodillas. Al sentir un dolor insoportable, crucé los brazos contra el estómago.

—¡Te odio! —exclamé. Sollozaba tan histéricamente que todo el vecindario debió haberme escuchado—. ¡Lárgate! —vociferé—. ¡Te odio!

Me lanzó una mirada diabólica:

—Será mejor que para mañana haya desaparecido —sentenció, y salió del cuarto.

Lloré durante horas sobre mi almohada. Sentía el estómago como si me hubiera atropellado un tráiler. La sangre brotaba de entre mis piernas y se regaba por todas partes. Traté de detener el sangrado con la sábana, pero salía con demasiada rapidez. Era tal el dolor que me desmayé. Al despertar, creí que era medianoche, así que me quedé acostada en total oscuridad y lloré sin control. Quería morirme. Lo único que me mantuvo respirando fue la idea de que algún día vería de nuevo a mi Joey.

Al momento de salir el sol empecé a sentir unas contracciones horribles. Minutos después sentí que algo se deslizaba fuera de mí. Fue la cosa más espantosa que haya vivido. El tipo subió a mi habitación antes de ir a trabajar y vio el desastre sobre el colchón.

—¡Abortaste a mi hijo! —aulló. Me dio una bofetada tan fuerte que vi estrellas—. ¡Eso te enseñará a no matar a mi bebé, puta!

Mi única respuesta fue quedarme ahí, mirando al vacío.

EL RESTO DE 2003 y parte de 2004 pasaron muy, pero muy lentamente. Cada semana era exactamente igual que la anterior: cinco mañanas seguidas desayuno de McDonald's, seguido de una violación. Horas de aburrimiento por la mañana hasta la tarde. Más abusos sexuales durante la noche, después de que el tipo llegaba a casa. Música en español a muy alto volumen durante los fines de semana. Pensaba que me volvería loca.

Sabía que Amanda continuaba en la casa porque a veces podía escuchar sus movimientos (sus pasos sonaban mucho más ligeros sobre la escalera que los pasos de elefante del tipo), pero ella y yo rara vez nos veíamos. Un par de veces me arriesgué y traté de gritarle algo después de oír que el tipo había salido, pero nunca me respondió. Es probable que no haya podido escucharme por el ruido de su televisor, donde fuera que la tuviera encadenada.

Yo no iba con mucha frecuencia a la planta baja, pero una vez que el tipo me llevó a la cocina, noté que había instalado alarmas por todas partes; junto a las ventanas y arriba de las puertas. También había pequeños espejos por todo el lugar, como retrovisores colocados para detectar lo que estaba pasando desde todas direcciones. Ver todo eso me hizo sentir realmente como si no hubiera esperanza de escapar.

En ese momento dejé de pensar demasiado en cómo huir de la casa. Parecía que todo lo que se me ocurriera —tratar de zafar mis manos de las cadenas, intentar deshacerme de él mientras me violaba— terminaría fallando. Me mantenía encadenada la mayor parte del tiempo y cuando no era así, siempre estaba conmigo y me vigilaba de cerca. No podía lograr que se abrieran los candados. Y las pocas veces que me llevó al porche trasero, me amenazaba con su pistola. No creo ser una persona que se da por vencida con facilidad, pero después de devanarte los sesos para encontrar cualquier modo posible de escapar y que nada te funcione, empiezas a ceder un poco. Imagino que simplemente empecé a perder las esperanzas. También me aterrorizaba saber que si me atrapaba, me volaría la cabeza. ¿Y qué beneficio podría representar para Joey si yo misma provocaba que ese degenerado me matara? ¡Ninguno!

Una tarde, durante la primavera de 2004, escuché otro reporte de noticias que me descontroló por completo. El 2 de abril, una niña de catorce años llamada Gina DeJesus desapareció de la misma zona donde Amanda y yo fuimos secuestradas. Al igual que reconocí a Amanda, también supe quién era Gina; Mayra, su hermana mayor, asistía a mi escuela. En mi corazón estaba bastante segura de que el tipo la había secuestrado. Esa noche recé con todas mis fuerzas, rogando estar equivocada.

Más tarde, esa misma noche, escuché los gritos desesperados de una niña. El sonido provenía del sótano: "¡Ayúdenme!", gritaba una y otra vez. "¡Por favor, alguien ayúdeme!".

Supe que era Gina. Con todo mi corazón deseaba haber ido a salvarla. Quería que supiera que había alguien que la escuchaba, que si aguardaba tan solo unos minutos la ayuda vendría en camino. Pero con dos enormes cadenas enlazadas alrededor de mi cuerpo, lo único que podía hacer era oír sus gritos… y preguntarme por qué nadie nos escuchaba.

16

La tercera chica

D URANTE EL RESTO de abril no escuché más sonidos del sótano. El silencio era aterrador y me mataba de preocupación. Algo incluso peor era ver a Mayra en las noticias, rogando a todo el mundo que la ayudara a encontrar a su hermanita. Me pregunté una y otra vez si Gina estaría allá abajo y si tendría el casco puesto. *¿Se esfuerza para respirar? ¿Amanda la ha visto? ¿La volveré a ver algún día? ¿Sigue viva?* No tenía la menor idea.

Finalmente, una noche vi al tipo directo a los ojos y le dije:

—Sé que te llevaste a esa niña. —Él me miró fijamente, pero no respondió. Me sorprendió que no me haya dado un golpe en la cabeza.

Más o menos una semana después, el tipo entró a mi cuarto y me entregó un cuaderno rojo con espiral, un lápiz y un pequeño sacapuntas.

—Ten, quizá quieras dibujar o algo —comentó.

El lápiz no tenía punta, pero contaba con una goma para borrar. Al cuaderno le habían arrancado varias hojas. No le di las gracias, solo tomé de sus manos el lápiz, el cuaderno y el sacapuntas. En mi interior gritaba: *¡Dios mío! ¡No puedo creerlo! ¡Ahora puedo dibujar! ¡Sí!* Ese fue el primer día en esa casa que pasó algo bueno, aparte de cuando recibí a Lobo y el televisor.

Luego de que salió, me sentí rara de sostener un lápiz en la mano. Hacía más de un año que no tenía ni un lápiz ni una pluma. Mis dedos temblaban. Me sentía asustada porque creí haber oído al tipo en las escaleras y no quería que me quitara el cuaderno. Nunca sabía cuándo cambiaría de opinión sobre algo. Extrañaba mucho dibujar lobos, así que de inmediato dibujé uno. Lo hice tan grande que llené toda la página y me salí un poco de los bordes. No fue mi mejor dibujo, pero de todas maneras me hizo sentir feliz.

De ahí en adelante, lo primero que hacía al despertar era tomar el lápiz, afilarlo y empezar a escribir o dibujar. Nunca me cansaba de hacerlo; escribía todos los días. Poemas, canciones. Las cosas que me entristecían. Cartas para Joey. Y sueños acerca de mis deseos de que todo pudiera ser diferente. Me cuidaba de no decir nada específico acerca del tipo, porque pensé que lo leería.

Esta es una de las primeras cosas que escribí:

Cada vez que veo una mariposa, me recuerda lo preciosa que puede ser en realidad la vida. Tener la capacidad de transformarse de una oruga en una hermosa mariposa y volar lejos con tanta libertad y gracia, a donde quiera que lo desee y sin que nadie en el mundo le diga lo que debe hacer. Espero que llegue ese momento especial en que pueda vivir libremente, sin preocupaciones, ni dolor, ni lágrimas. Solo quiero ser feliz. Quiero oír la risa en el aire, sin todo el dolor. Un día especial lograré vivir mi vida igual que esa bella mariposa. Ya no me sentiré triste dentro de mí.

Las únicas veces que interrumpía mis escritos era cuando llegaba el tipo. No quería que leyera lo que había escrito o que me quitara el cuaderno, así que lo escondía bajo mi almohada.

Varios días después de que me dio el cuaderno, pasaron por televisión la película *101 Dálmatas*. Lloré todo el tiempo porque me recordó a Joey. Lo extrañaba más de lo que pueden imaginarse. Solo una madre puede comprender cómo se siente que le arranquen a su hijo. Es como si te arrancaran el alma del cuerpo. Apenas puedes hablar, porque te duele tanto... Para tratar de librarme un poco de ese dolor, escribí a mi osito amoroso:

Estoy aquí sentada viendo los 101 *Dálmatas y recordando que es tu película favorita. Te encantaba verla una y otra vez... Te extraño, bebé. En este momento desearía abrazarte. Quisiera poder ver la película contigo y verte reír. Un día volveremos a verla. Te amo con todo mi corazón.*

Al terminar de escribir esto, cerré el cuaderno y lo apreté contra mi pecho. Poco después me quedé dormida y soñé el mismo sueño que había tenido antes: alguien arrastraba lejos de mí a mi dulce Joey, y él desaparecía para siempre.

UNA MAÑANA, A mediados de marzo, el tipo entró con un taladro y me dijo que me levantara.

—Vas a ayudarme a preparar el cuarto —anunció y empezó a perforar otro orificio en la pared. Estaba bastante segura de saber cuál era la razón.

Me había estado preguntando qué estaba pasando con Gina, aunque ya no había oído ningún ruido desde el sótano. Esperaba que estuviera sobreviviendo, pero sabía la clase de animal que era el tipo. Me desgarró el alma pensar en una niña de catorce años teniendo que atravesar por lo que yo pasé. En ocasiones me preguntaba si había sobrevivido.

Cuando me obligó a colocar un segundo conjunto de cadenas a través de la pared, le rogué:

—¡Por favor, no me obligues a ayudarte a cometer un crimen!

—No te culparán —dijo—, todo recaería en mí. Al decir eso, admitió lo que yo ya sabía: se había robado a Gina. Sacó mi balde y regresó con uno de esos pequeños escusados portátiles blancos y lo colocó junto al colchón. Asumí que lo hacía porque ella era un poco más grande y ahora seríamos dos las que lo usaríamos.

Creí que vería a Gina ese día, pero pasó otro par de semanas. Luego, de la nada, el tipo la trajo a mi habitación. Al principio no estaba del todo segura si en realidad era Gina DeJesus. Tenía puestos unos *pants* holgados y una camiseta; similares a la ropa sucia y apestosa de hombre que a veces me daba. Estaba descalza. Su cabello negro y grueso, que llevaba largo, pasaba con mucho de la altura de sus hombros. Parecía tan jovencita; todavía tenía cara de bebé. Se veía tan asustada, casi como si estuviera conteniendo el aliento. Yo estaba feliz de tener puesta al menos una camiseta sin mangas y ropa interior.

—Esta es mi hija —afirmó mientras la empujaba hacia el colchón.

¡Dios, qué mentiroso!, pensé. *Supongo que el idiota no recuerda que me pidió ayudarle a preparar esas cadenas.*

—Hola —dijo ella finalmente.

—Hola —respondí. Los ojos de Gina se veían increíblemente tristes. Aunque había asistido a la preparatoria con Mayra, su hermana mayor, en realidad no la conocía bien ni éramos amigas; solo nos habíamos visto por el barrio y en la escuela. A veces me saludaba. En una ocasión, Mayra me mostró una fotografía de su hermana menor. Otra vez la vi caminando con Gina no muy lejos de mi casa.

Ahora que veía de nuevo a Gina después de tanto tiempo, tuve que fijarme en su rostro para averiguar si en verdad era ella. Por las fotografías en las noticias, estaba bastante segura de que sí era ella. Estuve a punto de preguntarle cómo estaba, pero antes de poder decir palabra, el tipo la hizo darse vuelta y se la llevó del cuarto.

Me pregunté: *¿Por qué hace eso?* No tenía idea de si volvería a verla. Si tenía que estar encerrada en esta casa, mi esperanza era que por lo menos pudiéramos estar juntas. Sentí compasión por ella porque sabía lo asustada y solitaria que debe haberse sentido. Quería ayudarle de cualquier manera posible. Y después de pasar todos esos meses sola, quería hablar con alguien que no fuera el monstruo. Por supuesto, hubiera querido que Gina no estuviera ahí, y lo mismo Amanda. La sola idea de que alguien más viviera en ese lugar infernal me causaba dolor en la boca del estómago. Me recosté, preocupada por la pobre Gina, y con dudas acerca de cómo le estaría yendo a Amanda. Pensé: *Quizá con las tres en la casa tengamos más oportunidad de escapar. Quizá podamos unirnos y darle una paliza, y luego salir huyendo.*

Unos días más tarde, el tipo me desencadenó y me llevó al baño de abajo. Al abrir la puerta, Gina estaba ahí parada.

—Te arreglará el pelo —me dijo el tipo.

¿Por qué obliga a Gina a arreglarme el pelo? No sabía de qué estaba hablando pero, como siempre, la mayoría de las cosas que hacía no tenían ninguna lógica. Sin embargo, yo había aprendido a seguirle la corriente a sus locas ideas para evitar los golpes. *Quizá eso me dé un tiempo a solas con Gina para preguntarle cómo le va.* Fui hasta el escusado, bajé la tapa y me senté. Como la vez anterior, el retrete se sacudió al sentarme.

—Adelante —ordenó a Gina—, arréglale el pelo.

Gina tomó un par de secciones de mi cabello, que estaba corto desde el día en que me permitió bañarme, y empezó a hacerme una trenza francesa al frente de mi cabeza. Un par de segundos después, el tipo se alejó. Indiqué con la mano a Gina que acercara su cabeza y puse la boca junto a su oído.

—Sé quién eres —dije en voz tan baja como me fue posible—. Eres Gina DeJesus. —No quería que el tipo volviera y, al oírnos, nos golpeara a ambas.

Se enderezó y me miró directo a los ojos.

—¿Me *conoces*? —susurró. Parecía sorprendida. Yo asentí, y ella miró por encima de su hombro hacia la puerta, y entonces empezó a trenzar de nuevo mi pelo.

—No le digas que sé quién eres —advertí—, podría enojarse. Cuando tenga una oportunidad, te contaré más acerca de él y de la situación. Te juro que lo haré. —En ese instante regresó el tipo. Ambas actuamos como si no hubiéramos estado hablando. *Eso estuvo cerca*, pensé.

Esa primera conversación con Gina duró menos de treinta segundos. Durante los siguientes cinco minutos, el tipo permaneció con nosotras y observó cómo Gina me trenzaba el pelo. Cuando terminó, me incorporé y me vi en el espejo del baño. La trenza estaba preciosa.

—Gracias —le dije a Gina.

Me pareció que al tipo le había molestado. Me arrastró de un tirón a la puerta y nos llevó a las dos al piso superior, donde me encadenó a la cama. Luego volvió a llevarse a Gina a la planta baja. No sé a dónde la llevó, tal vez al sótano. Quizá a su cuchitril. Anhelé verla salir por la puerta principal de la casa y que volviera a su vida, pero yo estaba más que consciente de la realidad.

Pocos días después, el tipo trajo de nuevo a Gina a mi cuarto. Su apariencia era todavía más pálida y extenuada que la primera vez que la vi.

—Sube a la cama —le ordenó. Sin decir palabra, ella se sentó a mi lado. El tipo me encadenó por el cuello y luego rodeó el tobillo de Gina con la misma cadena. Ella le pidió que cambiara las cadenas.

—No va a servir si mi pierna está encadenada a su cuello. ¿Cómo se supone que usaremos el baño? —dijo Gina. Me alegré de que hubiera dicho su opinión.

—Tiene el tobillo muy pequeño —contestó él—. Si le pongo la cadena alrededor del pie, se soltará.

Pero Gina siguió pidiéndole que cambiara la cadena y yo apenas podía creer que estuviera atendiendo a lo que ella decía. El tipo me quitó la cadena del cuello y nos encadenó a ambas de los pies. Por supuesto que mi cadena estaba muy apretada. Luego de eso, me arrojó un par de *pants* y un par de camisetas horribles.

—Esas son para ti —indicó. Supongo que quería que tuviera más ropa porque Gina ahora estaba conmigo, pero evidentemente, no podría ponerme los *pants* hasta que nos desencadenara. Después de eso, se fue.

Escuchamos el ruido de sus botas que bajaban por la escalera. ¡*Pum, pum, pum!* Estábamos encadenadas juntas y las dos llorábamos. Durante largo tiempo nos sentamos a oír cómo la casa se iba quedando en silencio. Fue entonces que empezamos a contarnos nuestras historias.

Jardín de niños

Primer grado

Quinto grado

Secundaria

Primer año de educación media
superior

SUPERIOR: Una de las casas donde viví con mi familia. INTERMEDIA: El puente bajo el que viví cuando era indigente. (*Ambas fotografías son cortesía de Robert Friedrick*). INFERIOR: La casa de Castro. (© *AP Images/Tony Dejak*).

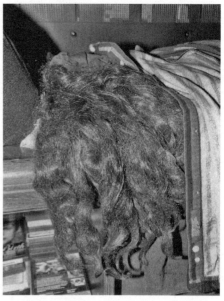

SUPERIOR IZQUIERDA: El pesado casco de motocicleta que el tipo me puso en la cabeza. (© *AP Images/Tony Dejak*).

SUPERIOR DERECHA: Peluca que me colocó cuando me sacó al porche. (© *AP Images/Tony Dejak*).

IZQUIERDA: El horrible sótano donde estuve encadenada a un poste. (© *AP Images/Tony Dejak*).

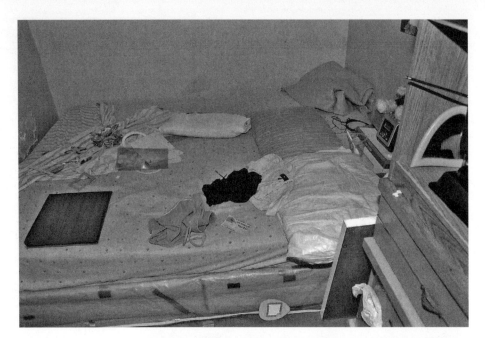

SUPERIOR: Colchón en la habitación rosa donde sufrí tortura durante años. (© *AP Images/Tony Dejak*).

DERECHA: Cadena que salía de la pared en la habitación rosa. (© *AP Images/Tony Dejak*).

INFERIOR: Cadenas y candados. (© *AP Images/Tony Dejak*).

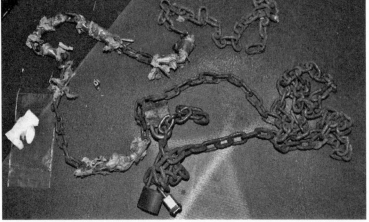

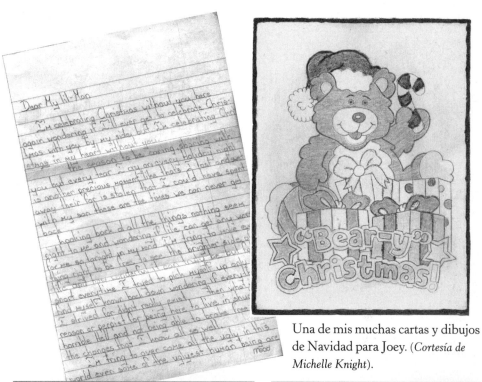

Una de mis muchas cartas y dibujos de Navidad para Joey. (*Cortesía de Michelle Knight*).

Habitación blanca que se conectaba con la habitación rosa. (© *AP Images/ Tony Dejak*).

El asqueroso baño del tipo. (© *AP Images/Tony Dejak*).

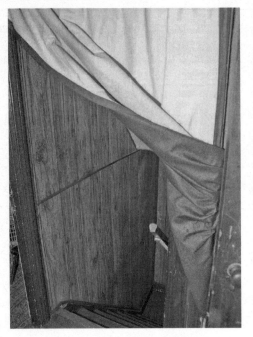

Puerta con una pesada cortina que conducía del piso superior al piso principal. (© *AP Images/Tony Dejak*).

Alarmas que colocó el tipo en la puerta principal. (© *AP Images/Tony Dejak*).

Cuando testifiqué contra el tipo ante el tribunal. (© *AP Images/Tony Dejak*).

Con uno de mis héroes, el doctor Phil.
(*Cortesía del Dr. Phil Show/Jared Manders*).

Uno de mis buenos amigos,
el pastor Ángel Arroyo, Jr.
(*Cortesía de Luis Gonzalez, Sr.*)

Con mi abogada Peggy y mi amiga Tricia. (*Cortesía de Deborah Feingold*).

En mi primer espectáculo de Broadway, *Kinky Boots*, con el actor Billy Porter, quien representa a Lola. (*Cortesía de Lacy Lalene Lynch*).

Aquí estoy en la escuela de cocina. (*Cortesía de Linda Fazio*).

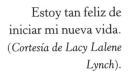

Estoy tan feliz de iniciar mi nueva vida. (*Cortesía de Lacy Lalene Lynch*).

17

Mi nueva hermanita

✎

No puedo imaginar el dolor de perder a una hija. De no saber dónde está o qué cosas horribles le suceden. De saber que no puedes estar ahí para abrazarla y protegerla del daño que se le está causando... Sí puedo imaginar tener la fuerza que poseo ahora para mantener mi cabeza en alto a través de este dolor, después de todos esos años sin caer de rodillas. Ante mis ojos, soy sorprendente por haber tenido el valor de creer en algo más grande que una vida llena de miseria.

¿DE QUÉ MANERA empiezas a decirle a otra víctima cómo se siente que te secuestren en la calle y quedes prisionera en casa de un desconocido? Es abrumador. Atravesar por ese hecho te provoca querer gritar.

Tenía tantas cosas que preguntarle a Gina: si sabía que en la casa había una tercera chica, cómo se sentía y si recibía suficiente comida. Había tantas cosas que decirle y también que advertirle; por ejemplo, las cosas que hacían enfurecer al tipo, y que este fingía salir de la casa para después regresar a hurtadillas para ver si intentabas zafarte de las cadenas.

En los primeros minutos no dijimos gran cosa. Creo que estábamos agobiadas por la situación y también por tener finalmente a alguien con quien hablar. Nos tomó un minuto acostumbrarnos a esa idea. Luego iniciamos la conversación en el mismo punto que la habíamos dejado en el baño. Le dije que en la escuela había conocido a Mayra, su hermana mayor.

Los lindos ojos castaños de Gina se abrieron muy grandes:
—¿De verdad? —preguntó.

Yo asentí y después de eso las palabras simplemente empezaron a fluir entre nosotras. Lo primero que le pregunté fue cómo la había traído a la casa.

Gina carraspeó y habló en voz muy baja. Me acerqué a ella para que no tuviera que hablar más alto. Ninguna de las dos queríamos que el tipo subiera corriendo.

—Iba caminando por la calle con Rosie —me contó Gina. Yo sabía que Rosie era la hija del tipo. Gina y Rosie eran amigas y sus familias se conocían. En ocasiones, Gina había ido a pasar la noche en la casa de Rosie, y esta última se había quedado también en casa de Gina. Alrededor de las tres de la tarde, ambas iban caminando a su casa desde la secundaria.

—Nos detuvimos en un teléfono público para llamar a la mamá de Rosie y pedirle permiso de que yo fuera a quedarme a dormir —dijo Gina. El teléfono público que usaron estaba cerca de la calle 105 y la avenida Lorain, en la misma zona donde el tipo nos secuestró a Amanda y a mí. La mamá de Rosie dijo que no era posible, entonces las dos niñas se despidieron y caminaron en diferentes direcciones.

Mientras Gina iba a su casa, el tipo se estacionó a su lado y le dijo que estaba buscando a Rosie. Gina conocía al tipo y sabía que era papá de su amiga. Quería ayudarle a encontrar a su hija, así que subió al auto con él y le señaló hacia donde Rosie se había dirigido. Pero el tipo empezó a conducir en otra dirección, de modo que ella volvió a indicarle hacia dónde se había ido su amiga.

—Solo pasaré por mi casa a recoger algo —le dijo el tipo a Gina—. Quizá tú y Emily, mi otra hija, puedan ir más tarde al centro comercial. —Gina conocía a Emily, pero de todas maneras le pareció extraño porque acababa de decirle que estaba buscando a Rosie. Pero igual que yo, no lo tomó en cuenta y confió en el tipo porque era el padre de su mejor amiga.

Cuando estacionó el auto en su casa, incluso le entregó un poco de dinero.

—Aquí tienes algo de dinero para que Emily y tú lo gasten en el centro comercial —dijo el tipo.

Luego consiguió que ella entrara en la casa y la obligó a bajar al sótano. Mientras estábamos sentadas en el colchón con nuestros tobillos encadenados, le conté a Gina cómo me había engañado el tipo para que entrara en su casa, y que fue de igual manera como la había convencido a ella. Le conté sobre todo el tiempo que había estado encadenada ahí. También le dije que llevaba encerrada dos años, y que mi hijo no estaba conmigo, sino en un hogar sustituto. Pero no le hablé mucho sobre las cosas horribles que me había hecho después de llevarme ahí, porque pensé que la asustaría. Se veía tan inocente; solo quería protegerla. Cada vez que veía su dulce rostro de jovencita, sus hermosos ojos color castaño y su largo cabello oscuro, sentía una rabia espantosa y estaba furiosa. ¿Cómo puede alguien llevarse a una niña lejos de su familia? ¿Y qué clase de padre tienes que ser para secuestrar a la mejor amiga de tu hija? Tienes que ser un demonio… y él era exactamente eso.

Esa noche le conté a Gina que Amanda también estaba en la casa. Gina comentó que ya la había visto, pero que no tuvieron ninguna conversación realmente.

—Yo tampoco he tenido oportunidad de platicar con ella —respondí—. Debe estar tan asustada. —No podía creer que este tipo se hubiera salido con la suya con *tres* secuestros. Todos en el mismo vecindario. Y las tres conocíamos a sus hijas. ¿Por qué nadie conectaba estos datos?

—¿Crees que algún día salgamos de aquí? —preguntó Gina. Yo dudé. Aunque tenía esperanza de que fuera cierto, para ese momento no estaba segura. Había estado encadenada firmemente a la pared y vigilada cada minuto de los casi dos años que había estado en esa casa.

—Sí —dije por fin. Quería que Gina tuviera esperanzas.

—Bueno, pues solamente tendremos que hacer el intento —contestó. Sabía que tenía razón.

Empezamos a contarnos nuestras vidas y después de terminar, solo nos quedamos sentadas y lloramos, abrazadas la una a la otra.

—Nunca debí haberme subido a su camioneta —le dije—. Nunca hubiera aceptado que un total desconocido me llevara en su coche. Pero bajé la guardia porque era el papá de Emily.

—Al ver que una gruesa lágrima rodaba por la mejilla de Gina, la limpié con mi mano—. Todo estará bien, cariño —respondí—. Superaremos esto. Ahora que somos tres las que estamos aquí, encontraremos la forma de salir. Tenemos que lograrlo.

El hecho de que Gina estuviera en la casa significaba que también le habían robado su vida. Pero si tenía que estar atrapada en la mazmorra de ese monstruo, me daba gusto que no estuviera sola, temblando de frío en el sótano. Y también, si ambas teníamos que estar ahí atrapadas, por lo menos podíamos estar juntas. Quizá fuera posible que escapáramos, si las dos nos poníamos a idear una salida. Pensar en Joey era lo único que me había obligado a luchar para seguir con vida durante todo ese tiempo. Ahora también tenía una hermanita por quien luchar.

Solo soy una joven oculta para el resto del mundo, en un sitio donde nadie espera que esté. Atrapada en esta pesadilla me pongo a gritar, solo para descubrir que nadie me oye. Lo único que pido es regresar a salvo con mi hijo… pero la realidad se escurre fuera de mi alcance. Pienso que era pedir demasiado. La vida me rebasa tan rápido y mi salud se deteriora con mucha velocidad, entonces duermo profundamente y sueño con el paraíso.

INCLUSO ANTES DE que el tipo trajera a Gina a mi habitación, era difícil llegar hasta el balde para orinar. Tenía que estirarme para alcanzarlo. Pero después de que nos encadenó juntas, se volvió aún más difícil. Si una de nosotras se levantaba, la otra también debía moverse. Desde el primer minuto que Gina llegó a mi habitación, aprendimos a depender la una de la otra para cualquier cosa, incluso para ir al baño.

—Rara vez lo vacía —le advertí, aunque estoy segura de que el fuerte hedor ya le había hecho darse cuenta de eso. Era frecuente que nuestro bacín se llenara tanto que se desbordaba. Una vez oriné dentro de una botella de cerveza. Gina me dijo: "¿Cómo lograste *eso*?". Era una situación muy rara tener que hacer algo tan privado frente a otra persona, pero nos acostumbramos. No teníamos opción.

Por las mañanas, el tipo subía y nos daba algo de comer, en general un sándwich de huevo de un restaurante de comida rápida. Durante el primer par de semanas no tuvo sexo conmigo en el cuarto y tampoco me pegó. Creo que era porque no quería asustar a Gina. De hecho, no creo que en principio haya pensado en raptar a Gina.

Una vez que me llevó a su cuchitril en la planta baja, estaba ahogado de borracho con ron. Intentó que yo también bebiera unos tragos, pero le dije que no. Estaba casi desmayado sobre su cama, cuando empezó a decirme muchas cosas sobre cómo había escogido a Gina.

—Todos los días al salir de la escuela, yo la seguía —comentó—. A las tres las seguí. —Cuando dijo eso, verdaderamente me hizo sentir escalofríos. También me contó que había otra niña en la escuela de Gina que era idéntica a ella y que las confundía a las dos. Dijo no saber que había secuestrado a la amiga de su hija hasta que vio el nombre de Gina en las noticias. En todo caso, no se sentía muy mal al respecto. También me habló de que, después del secuestro, había ayudado a los padres de Gina a buscarla. Todo el tiempo sabía dónde estaba ella, pero mientras ellos rezaban y lloraban y la buscaban por toda la ciudad, él los acompañaba como si fuera un amigo. Eso le provocaba un verdadero orgasmo al tipo; así de malvado y retorcido era ese hombre.

En otra ocasión que estábamos en su cuarto, vimos un informe sobre la desaparición de Gina.

—La están buscando, pero nunca la encontrarán —rió. Y por supuesto, tuvo que recordarme de nuevo—. Nadie te está buscando a ti, por eso eres a la que más odio. No significas nada para nadie. Nadie te ama y nadie te extraña. —Intenté no demostrárselo, pero eso sí que me dolió. Me hizo preguntarme por enésima vez si alguien de mi familia siquiera había tratado de encontrarme o si me extrañaban. Me hizo sentir tan desesperanzada y vacía.

No le conté a Gina nada de eso; pensé que la entristecería más. Cuando eres la mayor, tienes que cuidar de los más pequeños. Eso es lo que hacen las hermanas mayores.

Ambas sabíamos que estaba loco, pero al principio Gina no creía que fuera tan malvado, como yo sí sabía que era. Eso se debía a que al principio no abusaba tanto de ella. Por un tiempo no me golpeaba en la cabeza si ella estaba en la habitación.

—En este momento está fingiendo —le dije a Gina—, pero cuídate cuando estés cerca de él. Es un psicópata.

Como era de suponerse, las cosas se pusieron feas luego de pasar más o menos un mes. Una noche me violó mientras estaba encadenada a Gina. Ella se sentó en una esquina del colchón e intentó mirar hacia otra parte. Después de que terminó, nos sentamos a llorar.

A lo largo de los siguientes meses y años pasaría lo mismo una y otra vez. El tipo nos arrastraba a Gina o a mí a un lado de la cama, mientras la otra se quedaba sentada ahí, sintiéndose impotente para detenerlo. Si intentaba decirle algo, solamente estiraba el brazo y me daba un golpe en la cara, y luego se desquitaba con Gina. A veces, Gina y yo nos tomábamos de la mano y decíamos: *Todo estará bien.* Él no trataba de impedirlo. En otras ocasiones, si el tipo empezaba con Gina, yo le rogaba que se detuviera.

—Por favor, en lugar de ella, tómame a mí —decía—. Yo soy a la que odias.

Una cosa es que alguien te rompa el corazón, pero es aún más doloroso observar que le destrozan el alma a otra persona. Durante todo el tiempo que compartí una habitación con Gina, mi corazón se rompió en pedazos tantas veces que son demasiadas para contarlas. No creo que nunca pueda superar lo que ambas tuvimos que atravesar.

NO VIMOS MUCHO a Amanda en los meses posteriores a la llegada de Gina en abril. El tipo empezó a dejar que ocasionalmente bajáramos a bañarnos, de modo que nada más saludábamos a Amanda cuando pasábamos junto a ella. Gina y Amanda solo se veían sin decir nada, porque en realidad nunca habían tenido una conversación. A veces, cuando estábamos encadenadas juntas en el colchón del piso de arriba, podíamos oír que el tipo bajaba a Amanda por las escaleras hasta su cuchitril. Era raro pensar en la probabilidad de que esa otra chica estuviera sufriendo todas esas cosas espantosas que yo había sufrido, pero nunca habíamos tenido la oportunidad de sentarnos y hablar. No lo sabía entonces, pero pasarían varios meses antes de que finalmente Amanda y yo tuviéramos la posibilidad de hacerlo.

En el curso de los primeros meses, le conté a Gina todo lo que sabía acerca del tipo.

—Su personalidad tiene dos lados —le advertí— y nunca sabes con cuál te saldrá.

También le expliqué lo que significaban todos los sonidos; como que las voces querían decir que su grupo musical había llegado para el fin de semana. La mirada de terror en el rostro de Gina lo decía todo: *¿Me voy a quedar aquí tanto tiempo como para necesitar estar enterada de todo eso?* Cuando vi lo asustada que estaba, me reservé algunas cosas. Sabía que ya tenía suficiente miedo, pero también quería que tuviera cierta información que pudiese protegerla.

Para hacer que los días pasaran más rápido, Gina y yo veíamos mucha televisión.

—El volumen no funciona muy bien —le dije la primera vez que encendió el aparato—. Y sin importar lo que hagas, no dejes que el tipo te descubra viendo personas negras por televisión. Odia a los negros—. Nos encantaba ver programas de celebridades, porque mantenernos al tanto de los últimos chismes de la farándula alejaba nuestras mentes de la situación que vivíamos. Y también nos gustaban *The Parkers*, *The Fresh Prince of Bel-Air* y *Friends*. Al menos estábamos viendo lo mismo que el resto del mundo, aunque estuviéramos encerradas en una prisión.

En ocasiones, después de un par de horas de ver comedias de enredos o repeticiones estúpidas, sacaba mi cuaderno. El tipo también le había dado un lápiz y un cuaderno a Gina.

Dibujábamos y escribíamos hasta que se nos acababan las páginas. Créanlo o no, si le pedíamos más cuadernos, a veces nos los daba. Ambas pensábamos que eso era raro, pero estábamos más que encantadas de tener esas cosas. A veces, leíamos una a la otra lo que habíamos escrito. A Gina le gustaba dibujar flores y rostros, y una que otra vez le ayudé con los ojos de varios de sus dibujos. A ella le gustaban mis dibujos y decía que era buena para el arte.

Un día estaba escribiendo en mi cuaderno acerca del tipo, cuando él entró por la puerta. Me vio poner mi cuaderno bajo la almohada y preguntó:

—¿Qué estás escribiendo?

Gina y yo nos miramos de reojo. La actitud del tipo demostraba que estaba enojado con algo.

—¿Quieres leerlo? —le respondí, tratando de darle poca importancia.

Tomó el cuaderno. En esa página había escrito acerca de cómo me había tratado la Navidad anterior y de cuánto lo odiaba por todo lo que me había hecho. Escribí:

A veces lloro mucho y solo quiero morirme. Solo quiero ir a casa. Lo único que quiero es ver a Joey. Todavía no puedo creer que este monstruo me haya robado mi vida.

Después de leer, se detuvo y me miró por un largo tiempo.

—¿Así que intentas decirme que soy un hijo de puta? —preguntó.

Fijé la mirada en el colchón y respondí:

—No te estoy diciendo nada. Tú fuiste quien dijo que quería leer el cuaderno, entonces ahí lo tienes.

Después de eso, me hice un poco hacia atrás en la cama porque sabía lo que podía venir: un golpe en la quijada. Pero no me golpeó. De hecho, pareció un poco triste y lloroso. De alguna extraña manera pienso que, ciertamente, el tipo creía que su mundo de fantasía era real. Sabía que era incorrecto secuestrarnos, pero intentaba convencerse de que era correcto lo que nos hacía, porque en su mente retorcida nos había convertido en su "familia". Pero de vez en cuando recibía un buen recordatorio de cuánto lo odiábamos. Y el día que leyó mi cuaderno, recibió uno de esos recordatorios. Nunca más pidió ver mi diario, y yo simplemente estaba agradecida de que no me lo hubiera quitado.

Voy cayendo en la oscuridad, cayendo con gran fuerza con estas cicatrices abiertas y un corazón herido. Estoy paralizada. ¿Cómo pude interpretar de manera tan equivocada las señales y por qué no me di cuenta antes de que fuera demasiado tarde? Ahora es obvio para mí que todo lo que ves no es siempre lo que parece ser. Estoy paralizada… Dios sabe que he intentado ver el lado amable de este infierno, pero ahora estoy despierta. La oscuridad no me ciega… ahora el dolor se irá desvaneciendo para nunca más volver.

18

Voces

Que te digan que hagas cosas aunque te duela. Sentir que no le importas a nadie en la vida. Estar siempre muy cansada y permanecer despierta por muchos días sintiéndote asqueada. Tener dolores y molestias en todo el cuerpo, con la sensación de que mi cabeza está a punto de explotar, y gritar que alguien me ayude antes de que sea demasiado tarde. Las lágrimas resbalan por mis mejillas y tengo la esperanza de que todo esto termine pronto y que alguien me rescate, pero se siente como si esto nunca fuera a terminar. No puedo entender cómo es posible que una persona pueda ser tan desalmada.

UN DÍA ESPANTOSAMENTE caluroso de ese verano, Gina y yo escribíamos en nuestros cuadernos, estábamos bañadas en sudor y vestíamos camisetas sin mangas y *shorts*. De pronto, escuché unas voces que venían de la planta baja. Sonaban diferentes de las voces de los amigos del grupo musical. La principal diferencia fue que pude distinguir la voz de un niño pequeño.

—¿Qué fue *eso*? —susurré a Gina. Las dos dejamos de escribir y guardamos nuestros cuadernos.

El tipo subió y abrió la puerta.

—Voy a permitirles que conozcan a mi nieto —anunció.

¿De verdad? ¿Vamos a conocer a alguien de tu familia? ¡En serio que debes haber perdido el seso! Gina y yo nos lanzamos una rápida mirada y luego volvimos la vista hacia él.

—El hijo de mi hija Angie vino de visita —comentó—. Escondan sus cadenas. Es muy pequeño, así que está bien que las conozca.

Sin mediar otra palabra, ocultamos las cadenas detrás del colchón.

—Si intentan gritar —dijo con mirada amenazadora—, subiré corriendo y les dispararé a las dos. Y a Amanda también. No crean que no lo haré.

Salió de ahí y bajó las escaleras. Esto era increíblemente extraño. ¿El lunático dejará que su nieto nos vea? ¿Qué pasará? ¿Angie subirá también si es que está en la casa? Gina y yo nos miramos sin dar crédito a lo que sucedía.

—¿Crees que podamos escapar? —susurró.

—¡Eso espero! —dije en voz baja—. Pero no dejes que el tipo se dé cuenta de que lo estamos pensando. Y será mejor que no tratemos de llamar a nadie. Está hablando en serio sobre dispararnos. Está suficientemente loco como para hacerlo, aun con su familia allá abajo. Espero que el niño le diga a su mamá que estamos aquí.

Un minuto después escuchamos las botas del tipo que subían por la escalera y oímos cuando presentó a su nieto con Amanda. Luego de eso, el tipo atravesó nuestra puerta sosteniendo la mano del niño. El pequeñito tenía el cabello oscuro y una cara redonda y simpática con mejillas de ardilla. Parecía tener tres o cuatro años. De inmediato, su presencia me provocó que añorara más a mi Joey.

—Este es mi nieto —proclamó con una sonrisa. Parecía muy orgulloso de presumirnos al niño.

Gina y yo lo saludamos, y le dije: —Ay, qué lindo estás. —Pensé en tratar de decir algo que le hiciera saber al pequeño que estábamos ahí en contra de nuestra voluntad, pero no se me ocurrió nada con la suficiente rapidez. El chico nos miró largamente y adoptó una mirada muy extraña, como si supiera que había algo malo con nuestra presencia en ese sitio.

De repente empezó a llorar histéricamente y a gritar, "¡Mami! ¡Mami, ven por mí!".

El tipo lo calló diciéndole que no podía hacer eso, y puso su enorme y peluda mano sobre la boca del niño. Parecía como si el chico intentara correr hacia abajo. También escuché a otras personas, de modo que supuse que algunos de los familiares del tipo también estaban ahí. Pero antes de que Angie o alguien más que estuviese en la casa pudiera subir a ver por qué lloraba el niño, el tipo se apresuró a bajarlo.

¿Qué fue todo eso?, pensé. *¿Por qué demonios permitiría que alguien de su familia sepa que estamos aquí?* Imaginé que quizá asumir ese riesgo le daba al tipo una especie de emoción enfermiza, como la que parecía darle alardear de que era más inteligente que los policías porque no le habían descubierto. Pero en realidad no me importó la razón. Lo único que me importaba era que por fin alguien nos había visto, aunque fuera un niño pequeño.

Después de un rato escuchamos que la gente se iba. Gina y yo estábamos emocionadas. ¡Seguramente ahora nos rescatarán! El chico le dirá a su madre o a otros familiares y ellos vendrán a investigar. Apenas pudimos dormir esa noche pensando en qué haríamos cuando saliéramos de ahí. Gina no podía esperar más para ver de nuevo a su familia, y yo no podía esperar más para ver a Joey.

—Mi primera parada será en servicios sociales, una vez que pueda telefonear —le dije.

Pero nadie se apareció por ahí al día siguiente, ni al otro día. Un par de días después, estaba encadenada en el cuchitril del tipo, mientras él estaba en la cocina conversando por teléfono. Parecía estar hablando con alguien de su familia.

—No, la casa no está lista —afirmó a quien hablaba con él—. Necesito limpiar.

Aunque la persona parecía insistir en pasar por la casa, el tipo seguía diciéndole que no. Y luego finalmente cedió:

—Quizá puedas venir en unos cuantos días. Nada más déjame que limpie unas cosas.

En cuanto escuché que decía eso, algo me hizo *clic*. Los niños son listos y ese pequeño tenía suficiente inteligencia como para saber que algo andaba mal. Me pregunté si le diría a su mamá o a algún otro familiar que nos había visto. En ese caso, quizá eso causó sospechas a Angie, o a quien estaba en el teléfono. Tal vez se preguntó si había algo raro con su papá y quería venir a verificar con sus propios ojos. *Quizá.*

Esa noche apenas pude dormir con la esperanza de que estuvieran a punto de rescatarnos. Fantaseé con ver de nuevo a Joey. Imaginé cómo se sentiría ya no tener esas cadenas lastimándome la piel durante las veinticuatro horas del día. Pensé en tomar una ducha caliente durante largo tiempo y comer cosas que no estuvieran echadas a perder. ¡Seguramente estaríamos a punto de quedar en libertad! Pero, de nuevo, no pasó nada en los siguientes días.

Cerca de dos semanas después, el tipo subió a la planta alta y soltó las cadenas. Entonces nos informó que nos llevaría al sótano.

No le dije nada a Gina, pero con toda certeza mi mirada lo dijo todo: la idea de regresar a esa mazmorra me mataba del susto. Y ese día habría otra sorpresa: nos obligó *a las tres* a bajar juntas por esas viejas y polvorientas escaleras. Nos encadenó al poste, rodeándonos por el cuello y la cintura. Luego nos metió un calcetín sucio en la boca y nos cubrió con cinta de embalaje alrededor de la cabeza.

—Si cualquiera de ustedes hace un ruido —dijo en voz baja—, les dispararé a las tres. —Me imagino que con "ruido" se refería a nuestros gemidos, porque nos tenía amordazadas. Luego apagó la luz. Cuando salió, oí que cerraba la puerta con candado.

Esta fue la primera vez que las tres estuvimos juntas y solas en la misma habitación, pero estábamos encadenadas y amordazadas. Era frustrante no poder comunicarnos. Estaba de vuelta donde todo había comenzado, en el asqueroso piso del sótano, encadenada de espaldas al poste. Intenté sacarme el calcetín de la boca, pero la cinta estaba demasiado apretada.

No había pasado mucho tiempo, cuando se escucharon voces desde el piso de arriba. Creo que era la familia del tipo; sonaba como el mismo grupo de voces que había oído el día en que el nieto nos conoció. No estoy segura si Angie estaba ahí, pero definitivamente oí al niño. Mi corazón casi se detuvo y sostuve el aliento a través del calcetín sucio.

—¿Qué hay allá abajo? —escuché que decía la voz de una mujer—. ¿Puedes abrir este candado?

Hubo una larga pausa.

—No puedo —dijo el tipo—, está muy desordenado. Está inundado todo el piso. He estado haciendo algunos trabajos ahí.

Solté el aire por la nariz. No había manera de que el tipo abriera la puerta.

Sin importar quién fuera la persona que estaba arriba, ¿por qué no llamaba a la policía en ese preciso momento? ¿Qué su instinto no le decía que había algo sospechoso con la situación? Ahora, al meditar en ello, me siento furiosa. Estuvimos *así de cerca* de que nos descubrieran, pero como no hubo quién llamara a la policía, continuamos prisioneras en la casa de ese canalla.

A la larga cesaron las voces que venían del piso superior
y supuse que la gente se había ido. También pensé que irían
a sus casas y llamarían a la policía, porque quizá habían decidido no hacerlo en ese momento. Después el tipo bajó y nos
quitó las mordazas, nos dio un poco de comida y regresó al
piso superior.

—Amanda, ¿cómo te ha ido? ¿Estás bien? —le pregunté
luego de que él se alejó.

—Supongo que estoy bien —dijo con voz tenue.

Gina y yo nos turnamos para contarle las historias que ya
nos habíamos dicho la una a la otra: cómo nos había secuestrado y las cosas horribles que el tipo nos había estado haciendo.

—¿Y qué ha pasado contigo? —pregunté.

Nos contó un poco sobre su secuestro. El tipo le había ofre-
cido llevarla a casa desde su trabajo en Burger King y la había
forzado a entrar en la casa. Cuando le contamos lo que el tipo
nos había hecho, ella solamente dijo algo parecido a: "Sí, igual
que a mí".

Me imaginé que Amanda estaba demasiado asustada o
agotada como para hablar. Sentí pena por ella.

—Bueno, lo único que sé es que no quiero morir en este
lugar —expresé finalmente y empecé a llorar. No podía detenerme, las lágrimas brotaban sin control—. Tenemos que ser
amigas. Tenemos que encontrar un modo de escapar de este
hoyo de ratas. Ahora que nos tenemos unas a otras, debemos
mantenernos unidas hasta que nos rescaten. Quizá la persona
que estaba allá arriba esté llamando a la policía en este momento y vengan a ver qué pasa.

Pero de nuevo, nadie vino, y durante cerca de dos semanas
las tres estuvimos encadenadas en ese sótano. A la larga, el tipo aflojó un poco las cadenas y acercó el balde para orinar. Si
quería tener sexo con alguna, bajaba y se la llevaba al piso de

arriba. Entre tanto, hablamos mucho. Intentamos pensar en ideas de cómo podríamos salir de ahí. En realidad no se nos ocurrían grandes cosas; es difícil escapar cuando siempre estás encadenada. A pesar de ello, tratábamos de ser imaginativas. Al menos eso nos ayudaba a pasar el tiempo.

Después de haber pasado más de dos semanas atrapadas en ese sótano, el tipo finalmente nos llevó al piso de arriba. Gina y yo seguimos encadenadas en una habitación, en tanto que Amanda estaba en su propio cuarto. Parecía como si hubiéramos regresado a la situación inicial antes de que su nieto nos viera. Simplemente no podía creer que nadie hubiera venido a liberarnos.

Quiero celebrar mi llegada a casa, no mi funeral. Todavía tengo tanto que decir y hacer. La vida es demasiado corta para no vivirla como se debe… desde hoy en adelante recibiré con los brazos abiertos todo lo que sea bueno y despreciaré todo lo que sea malvado. He visto suficiente mal como para que me dure toda la vida. Quiero el bien en la vida, sin preocupaciones. Estar con personas amorosas, sonrisas del tamaño de una casa y amor que dure por siempre, un hogar que solo sea mío y que no sea una cárcel. Es posible que esté derrotada y hecha pedazos, pero me levantaré para sostenerme sobre mis dos pies, con la cabeza en alto y mi orgullo intacto. Sobreviviré a esta horrible pesadilla con mi corazón en su sitio y sin que se hayan robado mi alma, y saldré de aquí sin llevar conmigo ni una cicatriz.

19

La camioneta

Amo la vida... Mi hijo es lo más preciado para mí. Daría todo por estar con mi hijo en casa, que es donde pertenezco... La vida pasa de estar bien a estar mal... en un abrir y cerrar de ojos, toda tu vida puede cambiar, así que deberías vivir tu vida como si fueran tus últimos días sobre la tierra, porque nunca sabes cuándo podría ocurrir una tragedia.

...Algunas personas no tienen una familia en la que encontrar apoyo en momentos de necesidad... No puedo esperar a que esta pesadilla termine, para poder despertar y ser otra vez yo misma.

UN PAR DE semanas más tarde, una mañana antes de que saliera el sol, el tipo nos arrastró escaleras abajo.

—Las voy a mudar a mi camioneta porque mi familia vendrá pronto —nos informó. Por supuesto, su familia ya había estado antes en su casa, así que supuse que nos quería fuera de la habitación para poder mostrarles toda la casa. Es probable que haya tenido que probarle a Angie, o a quien haya estado en la cocina, que nada extraño estaba pasando.

El tipo tenía una camioneta grande color vino estacionada en su patio trasero, que ya había visto varias veces antes. Nos sacó a empujones por la puerta trasera y nos llevó al patio. Miré a todas partes, con esperanza de que alguien nos viera, pero nadie parecía estar afuera tan temprano por la mañana. En cuanto nos subimos a la camioneta, fue bastante obvio que ya lo tenía planeado. El interior tenía el tamaño suficiente como para acomodar a doce personas. Había colocado cadenas alrededor de la base de los asientos intermedios, quitó los dos asientos posteriores y eso dejaba sitio para acostarse. Olía realmente mal. Bajo el retrovisor colgaba un pequeño letrero que decía "Puerto Rico", el país de donde venía su familia.

Nos encadenó a Gina y a mí a uno de los asientos y a Amanda la encadenó sola más atrás. Nuestras cadenas tenían la longitud suficiente como para que pudiéramos usar el escusado portátil que ya estaba ahí, pero no lo suficiente como para permitirnos estar de pie y mirar por las ventanas polarizadas. Antes de cerrar la puerta, nos dijo:

—Si escucho cualquier ruido, saldré y las mataré a las tres.

Hacía un calor infernal dentro de la camioneta. En un par de ocasiones me desmayé a causa del calor de verano. La mayor parte del tiempo solo dormía. El tipo no nos dejó tener nuestros cuadernos ni lápices, así que ni siquiera podía dibujar o escribirle a Joey. Mi camiseta estaba tan mojada por el sudor, que era transparente. Pero, de nuevo, daba gracias de tener una camiseta que pudiera sudar. Pensé en aquellos días que estuve tirada, desnuda y cubierta de mugre, sobre el piso del sótano. Por malo que fuera esto, aquello había sido aún peor.

Permanecimos en la camioneta durante cinco días. El primer día, el tipo iba constantemente a revisarnos para asegurarse de que no estuviéramos intentando soltarnos o pedir ayuda. Nos dio un poco de comida y agua. Me sorprendió y causó gran alivio que no obligara a ninguna de nosotras a tener relaciones sexuales con él, ni que se llevara a cualquiera de regreso a la casa. Cuando estábamos en la casa, a menudo me violaba dos veces al día, pero esa semana me dejó en paz.

Temprano en la mañana del cuarto día, escuché que el tipo subía a la camioneta. Fingí que dormía, con la esperanza de que se fuera. Se quedó en la parte de atrás, susurrándole cosas a Amanda durante un tiempo. Pude ver un poco de lo que sucedió después, pero cerré los ojos con todas mis fuerzas. Lo único más horrible que sufrir una violación es observar que le suceda a otra persona.

No sé si la familia del tipo fue alguna vez a la casa, pero iba a revisarnos con frecuencia y sabía que traía consigo el arma. Pensé en gritar, tratando de atraer la atención de un vecino o de alguien que pasara por ahí, pero el tipo entraba y salía de la camioneta en cualquier momento. Me había convencido de que si nos escuchaba gritar, iría a donde estábamos y nos dispararía antes de que alguien pudiera encontrarnos. Y para ese momento, después de estar encadenada, de que me violara y golpeara constantemente durante más de dos años, pensé que sería capaz de cualquier cosa. En definitiva creía que nos dispararía a sangre fría a todas, aun si venía ayuda en camino.

A veces, casi pensé que morir de ese modo sería un alivio, después de todo lo que había atravesado. Al menos ocurriría de manera instantánea. Y en ocasiones sentía como si Dios me hubiera abandonado. Pero entonces pensaba en Joey y sabía que había una razón para que yo siguiera en este mundo. Además no quería hacer algo que causara que Gina y Amanda fueran asesinadas. Así que sufrí durante todos esos días sofocantes dentro de la camioneta sin gritar pidiendo ayuda. Sabía que él podía estar afuera de la casa y dentro de la camioneta en cuestión de segundos.

Cuando el tipo finalmente nos desencadenó, nos llevó de nuevo dentro de la casa y a nuestras habitaciones en el piso superior. Seguía siendo una prisión, pero por lo menos incluía cuadernos de espiral, lápices y el programa de *Everybody Loves*

Raymond. Aunque hacía calor arriba en los cuartos debido a las ventanas clausuradas, no era tan sofocante como dentro de la camioneta.

Cuando pasaban anuncios por televisión, Gina y yo fantaseábamos sobre todos los modos diferentes en que podríamos escapar. Al recordar que el tipo tenía una guitarra en su cuchitril, se me ocurrió que quizá pudiera atarlo con una de las cuerdas de su guitarra mientras dormía, aunque no tomaba en cuenta el hecho de que esto sería casi imposible de lograr, ya que nos tenía encadenadas a la cama. Gina solo se me quedó viendo. Bueno... probablemente no haya sido la mejor idea.

—¿O qué tal si intento acuchillarlo? —continué—. Si se queda dormido, podría escurrirme a la cocina y conseguir un cuchillo.

Gina asintió y añadió:

—Luego de que lo hagas, podríamos liberar a Amanda y por fin salir de aquí.

Un minuto después, al acabarse los comerciales, regresábamos a ver la televisión. Muy dentro de mí pensaba que las dos sabíamos que nuestros planes no funcionarían. ¿Cómo podíamos siquiera soñar con escaparnos si nos tenía encadenadas el noventa y nueve por ciento del tiempo? Pero yo sentía la necesidad de seguir pensando en nuevos planes para escapar. Era una de las únicas maneras de mantenerme cuerda. Es necesario tener algo que te dé esperanzas.

Espejo que cuelga de la pared, no puedes ver en absoluto mi verdadero reflejo. Si lo hicieras, sabrías que soy la mujer más solitaria de todas; camino sobre el fuego mientras estoy sola frente al espejo de una vida que no es mía... tengo muy dentro del corazón el pensamiento de nunca volver a casa, mientras espero que el mundo deje de desmoronarse.

Aunque mi corazón no está hecho de vidrio, sigue llenándose de dolor y se destroza en pedazos como si estuviera hecho para romperse... Soy la que está perdida. Sé que estarás más que listo para romperme de inmediato. Siento los latidos de mi corazón cuando pienso en el pasado. Quisiera poder arrojar a la basura estos pensamientos hechos pedazos, para nunca pensarlos de nuevo... Si pudiera lograr sentir otra vez que todo está bien, ¿puedes imaginar cómo terminaría mi historia? Entonces podría reparar mis alas rotas para poder sentir finalmente la dulzura de la vida, en lugar del sabor amargo del pecado que acecha alrededor, esperando a la siguiente víctima que atacar.

HACIA EL FINAL de 2004 empezamos a tener un poco más de libertad para pasearnos por la casa, siempre y cuando el tipo estuviera con nosotras. Nos llevaba a la planta baja para hacer la cena, y siempre llevaba su pistola. Un par de veces pensé en tratar de salir corriendo por la puerta trasera, pero tenía demasiado miedo de que me disparara por la espalda y luego matara a las demás. También recordaba las veces que había dejado la puerta abierta para ver si me atrapaba tratando de huir. Me parecía que siempre nos estaba poniendo a prueba, listo para saltar si nos descubría siquiera mirando hacia la puerta.

La cocina era un desastre al igual que el resto de la casa. La estufa tenía manchas por todas partes por la comida derramada que él nunca limpiaba. Había una pila de viejas ollas y sartenes en una silla junto a la estufa. Gina era quien cocinaba principalmente. Aunque yo hubiese querido cocinar, no podía alcanzar los gabinetes, de modo que me obligaba a quedarme parada en una esquina. Muchas veces, mientras Gina y yo estábamos en la cocina, el tipo se sentaba en la mesa del comedor con Amanda y le hablaba en voz baja. Podía imaginar con claridad la clase de idioteces que le estaría diciendo.

La comida era casi siempre la misma: arroz y frijoles. Los frijoles podían ser de cualquier color: negros, rojos o rosas; todos eran enlatados, de la marca Goya. El arroz blanco era una basura barata, que viene en una cajita. De vez en cuando vi pequeños gusanos en el arroz. ¡Puaj! Después de que Gina y yo comíamos y limpiábamos el desastre, Amanda tenía que cocinar sus propios frijoles y arroz mientras nosotras nos quedábamos sentadas en la cocina. No sé por qué a veces nos hacía comer por separado; solo Dios sabe.

Después de que todos terminábamos de comer, el tipo nos dejaba en la planta baja durante un rato. A menudo nos daba muchas cervezas Corona o algunos tragos de ron. Al principio, cuando llegué a la casa, intentó darme licor. En aquel entonces no lo acepté, porque quería mantener mi mente despejada. Pero para cuando llegaron las otras chicas, yo *necesitaba* beber. En realidad ni siquiera me gustaba el sabor, pero al menos era *algo* que disipaba el dolor; fue una de las únicas formas de olvidar el horror que estaba viviendo. ¿Para qué permanecer sobria cuando sientes que te estás muriendo?

Estaba consciente de que no nos daba el alcohol por ser *amable* con nosotras; por supuesto que no. Solo quería que estuviéramos borrachas para que fuéramos más receptivas e hiciéramos toda clase de cosas asquerosas con él. Con frecuencia, Gina y yo platicábamos sobre esperar hasta que estuviera demasiado alcoholizado como para levantarse, y entonces escapáramos mientras él estuviera desmayado en el suelo. Por desgracia, eso nunca pasó. Aunque bebiera mucho, se sentaba tranquilamente a vigilarnos.

Una noche que todos habíamos bebido gran cantidad de cerveza, me entregó su revólver.

—Dispárame —dijo mirándome con actitud muy seria.

No me moví. Me pregunté si realmente habría balas en la pistola.

—Ese es un juego para retrasados mentales —dije finalmente. Estaba bastante segura de que era alguna especie de truco enfermizo. De inmediato me quitó el arma de las manos y la puso contra mi cabeza.

—¡No lo hagas! —grité—. ¡Por favor, no me dispares! —Todo mi cuerpo empezó a temblar. Él siguió adelante y apretó el gatillo, pero antes de que pudiera disparar, le tiré la pistola de su mano y voló al otro lado de la cocina; cuando aterrizó, se dispararon un par de balas. *¡Dios mío, realmente estaba cargada!*

Tenía tanto miedo que me desmayé en ese instante sobre el piso de la cocina. Cuando desperté, me encontré de regreso en mi cuarto, encadenada a Gina. No me sorprendió que el tipo me apuntara el arma a la cabeza. Después de que Amanda y Gina llegaron, me convertí en la chica más odiada de la casa. Empezó a tratarme cada vez peor, si es que eso era posible. Constantemente me empujaba por las escaleras, me golpeaba y me daba puñetazos, o me maldecía. Y cada vez que me hacía sangrar, me recordaba: "Eres una perra tan fea. Es a ti a quien no soporto ver". Y luego añadía: "Por lo menos no te maté".

De igual forma abusaba de Gina y de Amanda. No sé con exactitud qué le hacía a Amanda, porque ella no estaba en nuestro cuarto, pero estoy segura de que también la obligaba a tener sexo en forma depravada. A veces podía escuchar cuando eso sucedía. Pero aunque a todas nos trataba horriblemente, era a mí a quien más manotazos solía dar en la cabeza; además de violarme dos, tres o cuatro veces al día.

Me sentía tan miserable y sucia. Aparte de Joey y quizá mis hermanos, no se me ocurría nadie que probablemente me extrañaría gran cosa. A menudo pensaba: *aunque escape de este* desgraciado, ¿qué clase de vida me esperará en el mundo real? Después de que todo este desastre termine, ¿quién habrá que me ame en realidad? A veces, las respuestas para esas preguntas me provocaban el deseo de enroscarme y hundirme en el piso para desaparecer por siempre.

> Si estoy viva o muerta, no te importaría, siempre y cuando destruyeras mi vida y no la tuya. Lastimar a alguien no resolverá la situación ni el camino de destrucción que estás tomando... Mi vida es demasiado preciosa como para que pienses que puedes tenerme cautiva, como si mi vida no valiera nada; que vivas para destruir todas mis esperanzas y sueños, y que luego tomes los pedazos que queden de mi corazón y los tires a la basura como si fueran los restos del día anterior, junto con todo lo que era importante para mí. Eso se ha ido y espero que pueda recuperar todo lo que perdí en mi vida. Intento esconder el odio que hierve en mi interior... Sé que es incorrecto desear el mal, pero vivo en un mundo rodeado de personas malas y no puedo evitar como me siento dentro de mí. Si atravesaras todo lo que yo he atravesado, entonces quizá podrías saber cómo me siento... Que se me haya tratado como basura, eso nunca cambiará y nunca seré la misma.

EN EL CURSO de las semanas siguientes, Gina y yo pasamos mucho tiempo en nuestra habitación susurrando sobre una cosa: ¿qué le tanto le decía el tipo a Amanda cuando estaba con ella? A veces cuando la llevaba a su cuchitril, oíamos que el tipo reía al bajar por la escalera, como si se la estuviera pasando muy bien. Y cuando todos estábamos en la cocina, encontraba una manera de estar con ella por separado, aunque siempre nos tenía vigiladas a Gina y a mí. Si todos nos sentábamos en la mesa a comer, él se sentaba junto a Amanda y disfrutaba de su compañía. Su comportamiento me enchinaba la piel y me causaba preocupación acerca de qué estaría planeando.

20

Trabajos forzados

Sé que en alguna parte la vida puede ser bella y existe alguien que se preocupa por ti. Solo tenemos que esperar a que todas las nubes negras y grises se vayan, para que podamos ver la hermosa lluvia que está detrás de los bufones que se ríen de nosotros...

Tuve que probar el dulzor amargo de la vida y enfrentar por mí misma el dolor, y luego levantarme y caer. Tengo que aprovechar ese momento único en el tiempo para estar libre por toda la eternidad.

A PRINCIPIOS DE 2004 ocurrió una cosa extraña: el tipo empezó a decir que Amanda era su esposa. Imaginé que por su misma locura, en su mente enferma debió pensar que eso era cierto. No ocupé demasiado tiempo enfocándome en lo que el tipo consideraba como su "matrimonio", porque me sonaba totalmente ridículo. Todo el tiempo pensé que si todas ignorábamos el asunto, iría desapareciendo poco a poco. Pero no pude ignorar lo que sucedió a continuación.

Todo cambió luego de que el tipo afirmó que él y Amanda eran pareja. Por algún motivo, empezó a pasar mucho tiempo con ella en la planta baja. A menudo oía dos pares de pisadas que recorrían el piso principal. Gina y yo podíamos oír que veía televisión por cable en su habitación. No tenía idea de si seguía teniéndola encadenada o qué. Esas tardes en que todos estábamos en la cocina, el tipo la obligaba a sentarse con él, ya fuera en el otro extremo de la mesa o en el sofá de la sala, desde donde siempre nos tenía vigiladas.

Por esa época, el tipo empezó a sacarme mucho más al exterior. Solía decirme que saliera con él al patio trasero para ayudarle. Decía que eran "trabajos forzados"; cosas como levantar y mover ladrillos, cortar leña y cambiar el aceite a uno de sus vehículos. Una vez que llegábamos ahí, me obligaba a hacer esos trabajos solo por un tiempo breve. Antes de que me diera cuenta, ya me tenía sujeta contra el costado de su camioneta color vino. Un día me arrancó la ropa y me violó ahí mismo, a plena luz del día.

—Quédate quieta —susurró mientras se desabrochaba los *jeans*—. Ahora mismo te voy a coger bien y bonito.

En torno a la casa no había ningún arbusto, de modo que cualquier transeúnte pudo haber visto hacia el patio trasero si se hubiera fijado. Y después de que el tipo anunció que él y Amanda estaban "casados", las violaciones afuera sucedieron con mucha más frecuencia. Esto me hizo preguntarme si en su mente retorcida quizá pensaba que debía tratar de ocultarle a Amanda todas las veces que tenía sexo conmigo. También siguió violando a Gina, pero me parecía que no lo hacía tan seguido como ocurría conmigo.

Me parecía que, en su mente desquiciada, el tipo realmente pensaba que él y Amanda eran una pareja. Cuando estaba conmigo, a menudo hablaba de ello. En una ocasión que me llevó al porche trasero, me dijo muy seriamente:

—Llamé a la mamá de Amanda.

¿Qué? Sentí ganas de vomitar, y no es que haya sido algo en mi estómago, porque me tenía muerta de hambre.

—Le dije que ahora su hija es mi esposa y que se encuentra bien porque está conmigo. Luego solamente colgué. —Rió como si fuera una broma chistosa—. Un día —añadió— voy a convertirte en mi segunda esposa.

Ya sabía que estaba demente, pero cuando dijo eso, estuve segura de que era un demonio salido directamente del infierno. Quería golpearlo en la cabeza. Miré hacia el piso y lo maldije en voz baja. Gracias a Dios nunca volvió a hablar del tema.

Por ese tiempo también hubo otro cambio en la casa: empezamos a tener menos privilegios. El tipo nos había estado alimentando dos veces al día a Gina y a mí, pero de pronto decidió que solo nos daría de comer una vez, si es que teníamos suerte. Dejó de darnos alcohol cuando estábamos en la sala. A veces, Gina y yo solo teníamos una rebanada de pizza para las dos. A la larga, adelgacé tanto que podía sentir mis huesos; el estómago me gruñía todo el tiempo. El tipo tuvo que apretar mis cadenas porque prácticamente se me salían. Estaba a tal grado de inanición que siempre trataba de dormirme, y así olvidar lo hambrienta que estaba. Entonces tenía sueños realmente detallados sobre comida. Soñaba aquel pollo frito que había comido en la iglesia bautista. Imaginaba que comía un enorme trozo de pastel de chocolate. Y despertaba para encontrarme con el estómago adolorido porque siempre estaba vacío. Era horrible.

Pero un cambio fue aún más terrible que todos los demás: dejó de darnos los cuadernos con espiral.

—No se los merecen —nos anunció un día a Gina y a mí.

Sus palabras se sintieron como un cuchillo que se enterrara en mi corazón. Había escrito en cada centímetro de los cuadernos que me había dado; en uno de ellos dibujé un cráneo que tenía la boca abierta, como un muerto que gritara constantemente pidiendo ayuda. Sentí que *yo era* ese cráneo. Desesperada por conseguir papel, empecé a escribir en el reverso de las envolturas de hamburguesa que estaban tiradas por el piso.

De vez en cuando nos daba un par de hojas de papel, pero no todo el cuaderno. Muchos días me quedaba sin dónde poner mis palabras, mis dibujos; es decir, mis sentimientos. No podía escribir cartas para mi Joey. No podía dibujar mis lobos, mis mariposas o mis ositos de peluche. Era como si de nuevo me hubiera arrojado al sótano, donde casi me volví loca por el terrible miedo y el aburrimiento. Todavía teníamos el deteriorado televisor, pero si se enfurecía con nosotras por cualquier cosa, también nos lo quitaba durante un tiempo. En la última página de uno de mis cuadernos hice la siguiente anotación:

> *Detrás de estas paredes de concreto me haces caer de golpe. Realmente creo que a nadie le importo. Siento como si me estuviera muriendo en este lugar. A veces me siento impotente frente al dolor y la destrucción. Me encuentro paralizada. Enloquezco pensando en si alguna vez volveré a casa para ver a mi pequeño ángel. Estoy sentada en una cárcel sin ventanas y esperando que alguien venga a rescatarme. Me acuesto aquí, temblando de frío, pero todavía no estoy destrozada por completo.*

Una de las partes más difíciles durante esa temporada fue que me parecía como si el tipo tratara a las demás mejor que a mí. Amanda tenía un buen televisor a color en su cuarto y, a veces, le respondía al tipo y le decía cosas como "¡No tengo que escucharte!". Aunque yo no siempre estaba en la misma habitación que ellos, nunca vi que le pegara. Pero si yo le respondía cualquier cosa, recibía un puñetazo en la cara o en el estómago. No era como si él fuera *amable* con cualquiera de ellas, ¡estaba muy lejos de serlo!, pero tenía la sensación de que yo era la prisionera a la que más golpeaba. Y mi percepción era que, en algunos días, yo era la única a la que violaba. Era como estar en el corredor de la muerte.

Sabía que no era culpa de ellas. Solo hay una persona a la que puede culparse de lo que ocurrió en esa casa de horrores: el desgraciado demente que nos llevó ahí.

Además de eso, durante los años que siguieron, me embaracé cuatro veces más; es decir, cinco en total. En cada una de esas ocasiones, el maniático me culpó de ello y me obligó a abortar al bebé. Cada una de esas veces, sentí como si me estuviera muriendo en cuerpo y alma.

> *La muerte parece como una solución más rápida para mi problema… espero no llegar a eso porque todavía tengo mucho por lo cual vivir… hay tantas cosas que no he dicho y tantas cosas que no he hecho, y que necesito lograr antes de que llegue el final… Obedecemos porque tenemos que hacerlo, no porque lo queramos. Esta no es nuestra propia vida; estamos viviendo en el mundo de fantasía de otra persona. Me siento como si fuera un preso… para empezar y al fin y al cabo… era tu vida, y tú eres el que estaba mal, no yo… algún día viviré mi vida como si fuera mi último aliento.*

UNA TARDE EN la primavera de 2006, recibimos una terrible noticia. En nuestro pequeño televisor, Gina y yo escuchamos que Louwana, la madre de Amanda, acababa de morir. El reportero dijo que Louwana había hecho todo lo posible para encontrar a su hija; en 2004, incluso fue al *Montel Williams Show*, y había preguntado a una psíquica si Amanda seguía viva. La psíquica le dijo que ya había muerto, pero a pesar de eso, Louwana siguió buscándola. Apenas puedo imaginar la clase de dolor que debe haber sufrido. El reportero de televisión dijo que Louwana había muerto de insuficiencia cardiaca el 2 de marzo de 2006. Lo único que pude pensar fue en la llamada que el tipo dijo haber hecho a la madre de Amanda. Si en realidad le llamó, seguramente murió porque el tipo le destrozó el corazón.

Más tarde ese día, el tipo nos quitó las cadenas por un breve tiempo. No sé por qué nos dejó caminar libremente, pero se quedó cerca para vigilarnos. Fui al cuarto donde estaba Amanda.

—Siento mucho tu pérdida —dije.

Ella me miró fijamente y respondió: ¿Qué?

En ese momento entendí que no había escuchado la noticia en su propio televisor.

—Tu madre acaba de morir —afirmé. Ella comenzó a llorar y yo salí de la habitación para darle un poco de paz y tranquilidad. Al regresar a mi colchón, escuché que sollozaba. Me sentí muy mal por Amanda y estaba furiosa de que ese hombre la hubiese alejado de su familia.

Unas cuantas semanas después tuve otra sorpresa. Todas las mañanas durante un par de semanas empecé a oír que Amanda vomitaba en su habitación. Cuando nos reunimos todas en la cocina, nos dijo que tenía náuseas y que no podía comer nada sin tener que vomitar. Después, esa misma tarde, cuando el tipo me llevó a su habitación, mencionó que Amanda estaba muy enferma.

—Quizá esté embarazada.

—Me imagino que sí —respondí—. Tienes que empezar a cuidar mejor de ella. —Si en su mente retorcida pensaba que estaban casados, seguramente no la obligaría a abortar al bebé como había hecho conmigo.

Me miró directamente y contestó:

—¿Cómo lo sabes?

No sé de dónde saqué el valor esa noche, pero le respondí sarcásticamente.

—En unos cuantos meses podrás comprobarlo por ti mismo cuando veas que sale un bebé.

No me golpeó como pensé que lo haría. En lugar de ello sonrió, como si estuviera feliz de la posibilidad de que viniera un bebé en camino.

Yo tenía razón. Amanda nunca me dijo que estuviera embarazada, pero no hacía falta decirlo, el tamaño de su vientre lo hacía más que obvio. Cuando tenía entre cinco y seis meses de embarazo, su barriguita parecía como si tuviera dentro una pelota de baloncesto. Tenía tantas preguntas que deseaba hacerle: ¿Quería tener al niño? ¿Estaba feliz de estar embarazada? ¿Estaba nerviosa? ¿Tenía miedo? ¿Estaba emocionada? ¿Alguna vez el tipo la amenazó con sacarle el bebé a golpes? Pero durante todo el periodo de su embarazo, Amanda y yo conversamos muy poco; la mayor parte del tiempo solo nos saludábamos. Casi siempre, el tipo parecía estar acechando por ahí. Mientras tanto, yo pensaba todo el tiempo en mis bebés: el hijo que intentaba recuperar y aquellos a los que el monstruo había asesinado.

A mi hijo: Eres la luz de mi vida, eres la razón por la que espero que llegue un nuevo día. Siempre estarás en mi corazón y ahí es donde siempre te quedarás. Iluminas mi camino; cuando los días se vuelven difíciles, pienso en ti y en cómo estaremos juntos para siempre. Nunca nos separaremos y un día habrá un nuevo comienzo contigo, porque eres mi esperanza para sobrevivir.

21

Luz de la casa

Ahora que me dispongo a descansar, ruego al Señor mi alma resguardar... si he de morir antes del alba, ruego al Señor se lleve mi alma, para que todo el dolor y el sufrimiento en la vida se esfumen y yo pueda volver a ser libre, para que no tenga que soñar en sitios lejanos que nunca veré o en el amor que nunca conoceré, o en la familia que siempre quise pero nunca tuve, o en el hijo que nunca podré abrazar y al que nunca diré que lo amo... Rezo con la esperanza de que mi hijo esté seguro y tenga una mejor vida que la mía, llena de amor, felicidad y serenidad. En este momento realmente me serviría una oración... parece que apenas fue ayer cuando te tuve en mis brazos y ahora, aquellos días se han ido. Tengo que seguir avanzando, tengo que ir tras un día luminoso al final del camino.

EN MEDIO DE la noche previa a la Navidad de 2006 sentí que me tocaban el hombro.

—Levántate —indicó una voz. Me froté los ojos y me senté en el colchón. A mi lado, Gina seguía dormida—. Amanda ha estado en trabajo de parto todo el día —dijo el tipo mientras me desataba—. Necesito que vengas al sótano y me ayudes a subir una cosa.

Yo estaba aletargada. El odio que había empezado a sentir por el día de Navidad superaba el amor que antes le tenía. Todos esos recuerdos sobre las celebraciones con Joey habían quedado ocultos detrás de los recuerdos horribles. La víspera de Navidad, el radio tocó canciones navideñas sin parar. Apenas pude controlar mi deseo de gritar hasta desgañitarme. Había decidido hacer mi mayor esfuerzo por quedarme dormida todo el día y el tipo tuvo que despertarme. Los dos bajamos por la escalera.

En el sótano había una pequeña alberca, no era inflable, sino una de esas piscinas de plástico que tienen paredes.

—Ayúdame a subirla —señaló—. Amanda tiene que sentarse en esto para que no eche a perder el colchón.

No quería ayudarle. Solo quería meterme a la cama y dormir de nuevo, pero no tenía opción.

Los dos arrastramos la alberca de plástico hasta la habitación donde estaba Amanda. Era obvio que estaba sufriendo mucho dolor. Colocamos la alberca sobre el colchón y él empezó a insistir en que Amanda se metiera. Le di mi suéter para que se envolviera; hacía mucho frío en ese cuarto. Luego la tomé del brazo y le ayudé a entrar en la alberca y se acostó dentro. El tipo se quedó parado ahí, lanzándome amenazas.

—Si este bebé no sale vivo te voy a matar.

Traté de ignorarlo para enfocarme en ayudar a Amanda. El tipo no era de ninguna ayuda, porque no tenía ni la menor idea de qué hacer.

—¡Puja fuerte, Amanda! —le indiqué.

Cuando finalmente llegó su hermosa bebé, de inmediato supe que había un problema; su carita estaba azul, no estaba respirando.

—¡Será mejor que logres que respire! —gritó el tipo.

Las manos me temblaban y mil pensamientos cruzaban por mi mente. *Dios mío, ¿qué debo hacer? ¿Cómo logro revivir a este bebé?* Puse un trapo húmedo sobre el colchón y acosté a la bebé en él. Luego incliné su cabeza un poco y oprimí su pecho varias veces. Entre las compresiones, le daba respiración boca a boca.

Pasó más o menos un minuto y empezó a gritar. "¡Aaaah! ¡Aaaah! ¡Aaaah!". Fue el sonido más dulce que haya escuchado dentro de esa casa. El tipo me arrebató a la niña y se la llevó abajo, supongo que para limpiarla.

Cuando todo terminó, me sentía terriblemente cansada y agotada. Ayudé a Amanda a limpiarse y regresé a mi habitación para poder acostarme. En cuanto me recosté junto a Gina en nuestro colchón, el tipo entró.

—Me vas a ayudar a sacar de aquí esa alberca —dijo. Mientras Amanda cargaba en brazos a su recién nacida, el tipo y yo bajamos la alberca y la sacamos al patio para tirar la sangre. Luego me arrastré de regreso a mi cama. Deben haber sido las cinco de la mañana. Así fue como comenzó mi Navidad de 2006.

ESA TARDE, FINALMENTE pude cargar a la niña. El tipo entró a mi cuarto y me la entregó. Amanda descansaba en su habitación.

—Aquí la tienes —indicó con una gran sonrisa en la cara. La niña estaba envuelta en una vieja manta hecha jirones que debe haber sacado del último rincón de su clóset.

La niña me sonrió y me miró a los ojos.

—¡Es tan tierna! —dije. Era la bebita más pequeña que hubiera visto. Supongo que pesaba como dos kilos y medio o quizá un poco menos. Olía a nuevo y limpio; todo lo contrario de la sucia casa donde estábamos. Gina también le hizo arrumacos.

Miré su rostro redondo y sus brillantes ojos. Entonces se me empezaron a llenar los ojos de lágrimas, extrañé mucho a mi Joey en ese momento. De inmediato, el tipo se llevó al bebé y regresó al cuarto de Amanda. Toda esa noche pude escuchar los llantos de la pequeña. Esperaba que alguien oyera sus gritos y se preguntara por qué venía el sonido de un bebé de la casa de un hombre soltero. Gina y yo pensamos que esa niña representaba nuestra forma de salir de ahí.

Durante la siguiente semana, el tipo permitió que Gina y yo fuéramos unas cuantas veces a la habitación de Amanda para verla. Ella parecía agotada. Por lo general, Amanda y la niña estaban acurrucadas en el colchón, porque no había una cuna.

—¿Qué nombre le pondrás? —preguntó Gina.

—No sé —respondió Amanda, mirando a la niña que llevaba en brazos. Todas empezamos a proponer nombres.

—Me gusta Jocelyn —dijo finalmente Amanda. Así que ese fue el nombre que se decidió: su nuevo ángel se llamaría Jocelyn. Su segundo nombre sería Jade. El tipo fue a una tienda y trajo una almohada rosa que tenía una especie de pato o pollo dibujado. Hizo que Amanda escribiera "Jocelyn Castro" en la etiqueta de la almohada. El mero hecho de ver el apellido del tipo me causaba asco. Escuché que Amanda le dijo al tipo que quería que la niña llevara su propio apellido.

—Se podría llamar Jocelyn Jade Berry —señaló.

Tuve razón, pensé. Amanda nunca será la "esposa" de ese idiota; ella simplemente trataba de ser más astuta que él.

—Bueno, puede apellidarse "Berry" dentro de la casa —dijo el tipo a Amanda—, pero no quiero que nadie se pregunte de dónde viene el "Berry". Así que fuera de aquí se apellidará "Castro".

¿Fuera de la casa? Esa fue mi primera indicación de que planeaba sacar a la niña al mundo real. ¿No pensaría que su familia se iba a dar cuenta de su doble vida? Pero, de nuevo, el tipo no pensaba gran cosa.

Después de que nació Jocelyn, el tipo les dio nuestra habitación, el cuarto blanco, porque era más grande. Según dijo, Amanda necesitaba más espacio para ella y para la niña.

Nos mudó a Gina y a mí al cuarto rosa, que estaba conectado con el dormitorio blanco. El mismo cuarto rosa donde me colgó de esos dos postes el día que me secuestró. Podía abrir la puerta entre los dos cuartos y escuchar mucho más de lo que estaba pasando con Amanda y Jocelyn. De hecho, nuestra habitación era tan pequeña que podía alcanzar y abrir la puerta que conectaba los dos cuartos aunque estuviera acostada en el colchón con las cadenas puestas.

No me importaba en lo más mínimo a dónde me mudara el tipo. Todas las habitaciones eran basureros, pero en el cuarto rosa las cosas mejoraron un poco. Él volvió a alimentarnos a Gina y a mí un par de veces por día y finalmente me dio otro cuaderno. Por lo menos unas semanas después de la llegada de Jocelyn, el tipo me dejó en paz. Creo que el nuevo bebé lo distrajo. Incluso antes de que la niña tuviera edad suficiente para saber quién era, ya había traído un poco de luz a nuestras vidas.

Poco después del nacimiento de Jocelyn, el tipo le quitó las cadenas a Amanda.

—No quiero que la niña te vea con eso —escuché que le dijo. Aún no tenía permitido salir de su habitación, ya que el tipo cerraba con llave tanto su puerta como la nuestra. Pero al menos no tenía que sentarse todo el día sobre ese colchón asqueroso. Podía caminar de un lado a otro con Jocelyn o jugar con ella en cualquier parte de su cuarto.

Amé a Jocelyn desde el primer instante que la vi: era preciosa. Pero en realidad no la tuve mucho conmigo. El tipo me consideraba menos que basura. Me insultaba frente a Amanda y Gina diciéndome que no valía nada. Me escupía en la cara.

Una y otra vez le recordaba a todo el mundo que nadie de mi familia me estaba buscando. Y después de todo eso, me gritaba: "¿Qué pasa contigo? ¡Deberías ser feliz!". Yo sabía que, más bien, él deseaba que yo *no* fuera feliz. No creía las cosas que decía sobre mí, porque lo único para lo que eso serviría era para dejar que ganara el lado oscuro.

Pero eso no impidió que adorara a Jocelyn. Cuando estábamos juntas en la cocina por las tardes, mi labor era cargarla y mantenerla tranquila mientras Gina cocinaba y el tipo hablaba con Amanda. Mecía a la niña y entonaba las mismas canciones que le había cantado a Joey. La hacía saltar una y otra vez sobre mi rodilla. Era una niña muy buena. A menos que tuviera mojado el pañal o sintiera hambre, en realidad casi no lloraba.

En mi habitación empecé a hacerle un poco de ropa a Jocelyn. La niña tenía un par de cosas que se le podían poner, pero estaban manchadas y descoloridas. Así que Gina y yo rompimos algunas de nuestras viejas camisetas y usamos aguja e hilo que el tipo nos había dado para confeccionarle unas cuantas prendas. Le cosimos unos pantalones, unos calcetines muy lindos de botita y una camiseta de manga larga. Pareció que a Amanda le encantaron, pero cuando el tipo las vio, dijo que estaban horribles.

—¡Bueno, es que hace frío afuera! —le dije—. ¡La niña necesita más ropa!

—Entonces se la compraré —contestó—. Dejen de hacerle esa mierda.

Era un desgraciado egoísta. Por un lado, me encantaba tener a Jocelyn en la casa. Me daba algo más en qué pensar aparte de mi sufrimiento; me traía dicha en medio de una oscuridad que sentía que no tenía fin. Pero por otro lado, sentía mucha tristeza por ella. Cuando naces en la esclavitud, ¿qué clase de vida puedes tener realmente? De modo que era una gran bendición para nosotras, al mismo tiempo que una enorme maldición para ella. Soñaba en que un día esa niña inocente pudiera ser libre.

Soñaba lo mismo para las cuatro. Constantemente veía en mi mente el rostro de Joey, y eso era lo que me mantenía viva. No podía dejarlo solo en esta tierra sin que me conociera. Escuchaba su vocecita dentro de mí diciéndome: "Mami, te necesito". Eso me ayudaba a tener la fortaleza para seguir adelante cuando tenía el deseo de darme por vencida.

Casi todas las noches me dormía rezando.

Querido Dios… no permitiré que esta tragedia me haga caer de rodillas ni defina mi vida. Tengo frente a mí el camino correcto. No quiero vivir por siempre sintiendo este dolor una y otra vez. Solamente quiero que se vaya y que nunca más vuelva.

Dentro de mi corazón, aquello que no me mata, solo puede fortalecerme. La muerte parecería una solución fácil, pero pienso que sobrevivir con la cabeza en alto es mejor que quedarme tirada aquí con la cabeza agachada. Miro por la ventana del dolor a la espera de mi final perfecto… muchos días parecen como kilómetros de tortura en mi corazón destrozado. ¿Sientes mi dolor…?

22

Juju y Chelsea

~~<

¿Por qué debo soportar tanto dolor solamente para regresar contigo? El corazón se me llena de tanto odio que se me desgarra... Tan solo espero ser yo otra vez y vivir totalmente libre.

Esto va por todas las mujeres a las que se les dijo que no eran nada... no permitan que las hagan pedazos o que destruyan su corazón. Sí son alguien, no dejen que les digan lo contrario... Realmente merezco sonreír aunque el dolor sea demasiado insoportable.

CUANDO ESTÁS ENCERRADO, a veces el tiempo juega trucos raros: parece detenerse. Una forma que me permitía saber que pasaban los días era observar a Jocelyn. Casi de la noche a la mañana creció de ser un paquetito envuelto en pañales a convertirse en la niña más tierna. El tipo nunca la tuvo encadenada. Por esa razón a veces se paseaba de un lado a otro entre las habitaciones rosa y blanca.

—¡Hola amorcito! —le decía al verla venir por la puerta que conectaba ambos cuartos. Sonreía todo el tiempo. Siempre tenía puesto un pañal de tela que a veces se colgaba un poco porque se había orinado.

—¿Cómo estás hoy? —le preguntaba, tomándola en mis brazos. Después de que el tipo nos cambió a Gina y a mí al cuarto rosa, pude tener más contacto con la niña, sobre todo cuando Amanda estaba en la planta baja en el dormitorio del tipo o cuando se daba una ducha. Como antes mencioné, para entonces había empezado a dejar que nos bañáramos una vez a la semana. Eso era un lujo después de haber tomado un solo baño durante todo el primer año que estuve en la casa.

Jocelyn tendría cerca de un año cuando empezó a hacer ruiditos como si estuviera intentando hablar. Al año y medio, ya decía palabras cortas, como "mamá". Entonces el tipo llegó un día a nuestro cuarto y nos dijo:

—Les daré nombres diferentes. No quiero que la niña sepa sus nombres verdaderos. —Gina y yo nos quedamos viendo la una a la otra.

—Bueno, no voy a usar ningún nombre que tú me pongas —le aclaré—. Yo misma elegiré uno: me llamaré Lee. —Ese era el segundo nombre de Joey.

—Elige otro, porque ese nombre tiene relación con mis hijos —respondió él. Supongo que uno de sus hijos se llamaba Lee.

—¿Qué tal Angel? —respondí.

Me lanzó una mirada maliciosa.

—Definitivamente no pareces ningún ángel —señaló.

—Entonces, solo me llamaré Juju —contesté. Escogí ese nombre porque siempre me habían gustado los caramelos *Jujubes*.

—Bien —dijo y se volvió hacia Gina—. Entonces, ¿cómo te llamarás tú?

Ella se encogió de hombros y dio un par de ideas.

—¿Qué te parece Hazel? —comenté—. ¿O Chelsea?

—Me gusta Chelsea —afirmó Gina. Así que de ahí en adelante, cada vez que Jocelyn estaba cerca, solamente usábamos nuestros nombres falsos: Juju y Chelsea.

En 2009, cuando Jocelyn tenía cerca de dos años, ocurrió un milagro: el tipo nos desencadenó a Gina y a mí. No lo hizo como acto de bondad, fue porque Jocelyn estaba llegando a una edad suficiente como para entender lo que sucedía en su entorno. Solía acercarse a la cama donde estábamos Gina y yo y señalaba a nuestras cadenas. A veces, incluso tiraba de ellas.

—¿Juju amarrada? —intentaba decir.

—¡Llévensela de aquí! —gritaba el tipo si la veía tocando las cadenas—. No es bueno que ella las vea. —Le importaba más que su hijita viera esas cadenas, que lo que le había importado encadenarnos a nosotras.

Más o menos en ese tiempo, el tipo empezó a llevarnos con más frecuencia a la planta baja. En ocasiones, durante los fines de semana, nos dejaba permanecer en la cocina o en la sala por unas cuantas horas.

Nos dijo que ahora confiaba más en nosotras, y yo de nuevo empecé a idear algunas cosas que podríamos intentar para escapar de ahí, y hablé de eso con Gina.

—Quizá podamos salir por la puerta trasera cuando él y Amanda estén platicando en el sofá —dije.

Ella me miró, pero no dio respuesta; eso era porque ambas sabíamos la verdad: el tipo tenía un arma y si intentábamos correr, no dudaría en usarla. Incluso si llegáramos a escapar, asesinaría a Amanda y a Jocelyn. La única forma en que podría funcionar nuestro plan era si todas acordábamos hacerlo.

A veces el tipo dejaba sin cerrar las puertas de nuestra habitación, pero esa era simplemente otra de sus pruebas. No pasaba ni siquiera un minuto luego de haberse ido, cuando volvía a subir subrepticiamente y asomaba la cabeza por la puerta. En general no decía ni media palabra; solo miraba para ver si alguna de nosotras se había movido un centímetro. De vez en cuando nos lanzaba otra de sus amenazas: "Si me demuestran que no puedo confiar en ustedes, me la pagarán".

La mayor parte del tiempo traía el revólver metido en la cintura, pero para ser franca, en verdad no tenía necesidad de ello. Para 2008 ya estábamos entrenadas. Después de estar años en una cárcel empiezan a pasar cosas raras: los candados pasan de tus muñecas y de tus tobillos a tu cerebro. ¿Todavía quería huir de ese calabozo para poderme reunir con Joey? No pasaba un solo día en que no pensara en ello. Para esa fecha, ya había estado ahí por más de seis años. Pero después de que te violan, humillan, golpean y encadenan por tanto tiempo, te habitúas a hacer lo que te mandan. Tu espíritu empieza a desmoronarse; empiezas a no ser capaz de imaginar algo diferente. Y se siente como si tu captor viera y supiera todo.

Con las alas muy abiertas estoy lista para volar… cuando cierro los ojos, lo único que quiero es verte… ¿Cuándo se volverán reales nuestros sueños para que podamos vivir nuestras vidas bajo el sol, en lugar de estar en la oscuridad a la que no pertenecemos?

～✦

—¡AY, CÓMO ME encanta su gran culo! —dijo el tipo con mirada lasciva.

Todas nosotras, incluyendo a la niña, estábamos con él en la sala. Nos obligaba a reunirnos para ver uno de sus programas favoritos: *Keeping Up with the Kardashians*, y en la pantalla aparecía Kim Kardashian.

—¡Como me gustaría cogerme a esa mujer por detrás ahora mismo! —declaró.

Me había acostumbrado tanto a escuchar los comentarios obscenos que decía todo el tiempo, que ni siquiera levanté la vista. Jocelyn, que para entonces tendría casi tres años, corría por la sala y reía.

Después de que terminó el programa, el tipo me obligó a darle un masaje en la espalda, porque dijo que estaba adolorido. Alrededor de esa época había empezado a pedirme masajes casi todas las noches. *¡Qué asco!* Mientras oprimía con mis manos su espalda, sonó el teléfono celular. El tipo respondió y dijo algo en español. Luego colgó con gran rapidez y anunció "De nuevo es esa mujer", como si nos importara.

Toda la semana el tipo nos había estado contando que había conocido a una mujer en un club nocturno. Supongo que pensaba que esa mujer era muy sensual.

—No sé por qué sigue llamando aquí —añadió.

El teléfono volvió a sonar y de nuevo el tipo respondió algo en español. Parecía molesto, y le pasó el teléfono a Amanda.

—Dile que deje de llamar aquí —y la miró de modo amenazador. Amanda le devolvió la mirada por un momento, e hizo lo que le ordenó. Entonces él le arrebató el teléfono de las manos y colgó.

Mi mente corría a mil por hora. *¿Hubiera tenido el valor de rogarle a la mujer que llamara al 911 mientras el tipo estaba parado junto a mí?* No estaba segura. Me tumbé en el sofá y por mi mejilla rodó una lágrima.

—¿Juju triste? —preguntó Jocelyn al verme llorar. No estaba triste, solo me sentía terriblemente frustrada por el hecho de estar tan atrapada.

Un momento después el tipo me forzó a levantarme para seguir con el masaje. Encajé las puntas de mis dedos en su piel, pero en realidad quería rodear su cuello con mis manos y estrangularlo.

Más tarde, cuando estaba con Gina en nuestra habitación, ambas conversamos en voz baja sobre lo que había pasado. Una cosa me había quedado muy clara: si algún día quería huir de esa prisión, tendría que hacerlo por mí misma.

Mariposa de brillantes colores que está llena de vida; cada vez que veo una me recuerda lo preciosa que puede ser en verdad la vida, poder volar con tanta libertad... a donde quiera, sin ninguna preocupación en el mundo. Espero que llegue ese momento especial cuando también pueda vivir mi vida libremente. Sin más preocupaciones, ni dolor ni lágrimas, tan solo felicidad y risas... Algún día especial voy a vivir mi vida como esa mariposa y dejaré de sentir tristeza en mi interior.

23

Mostaza

～✦

Dios todavía no está listo para mí. ¿Qué hago cuando mi mundo se desmorona y todo lo que me rodea desaparece junto con el amor que se convierte en odio...? Todo lo que alguna vez hice, no puedo hacerlo más, porque mis entrañas han sido arrancadas de mi cuerpo.

CUANDO JOCELYN TENÍA dos y medio o tres años, el tipo empezó a llevarla fuera de casa. También comenzó a ir todos los domingos a la iglesia. Creo que era católico, o pentecostal, porque esas eran las dos iglesias que le escuché mencionar.

—Tengo que enseñarle algo de religión a mi hija —me dijo una tarde—. Tiene que conocer a Dios. —Un poco antes de eso, el hipócrita había estado abusando de mí. *Como quieras, ¡cabrón!*

El domingo era el único día de la semana que el tipo se bañaba (era cuando escuchaba el sonido de las tuberías que traqueteaban en el baño). Al tipo le gustaba presumir a Jocelyn. Parecía feliz de tener otra hija en su casa y en su vida.

—Mi familia se alejó de mí —me decía con frecuencia—, y ahora tengo una nueva.

En su mente enloquecida pensaba que era un buen padre. Esa era una de las razones por las que llevaba a Jocelyn a la iglesia. Supongo que pensó que era seguro que la gente la conociera, porque nadie la estaba buscando. No había registro de su nacimiento; el mundo no sabía de su existencia.

El tipo también tenía el descaro de presentar a Jocelyn con su banda de músicos. Si me lo preguntan, esa fue otra acción estúpida, como cuando subió a su nieto al piso superior. Un sábado escuché que le dijo a Amanda que bajaría a Jocelyn a la sala para que conociera a sus amigos. En esa época no sabía qué explicación había dado de la procedencia de la niña. Años después, en las noticias me enteré que le decía a la gente que Jocelyn era la hija de su novia. Quizá esas personas le creyeron o quizá no. Pero aunque hayan sospechado que había algo fuera de lugar, nunca llamaron a la policía para que verificara la situación.

Como en nuestro caso, Jocelyn permanecía la mayor parte del tiempo dentro de la casa. La única diferencia era que estaba libre para subir y bajar las escaleras por sí sola, siempre y cuando el tipo estuviera en casa. Al regresar del trabajo, abría la puerta de Amanda.

—Voy a llevarme a la niña un rato a la planta baja —solía decir. No sé qué harían ahí; sonaba como si a veces ambos estuvieran viendo caricaturas. Mi mayor temor era que, cuando Jocelyn tuviera más edad, el tipo empezara a meterse con ella como lo hacía con el resto de nosotras.

A medida que Jocelyn iba creciendo, me volvía cada vez más protectora con ella. La pérdida de Joey fue una de las cosas más difíciles que tuve que atravesar, y el tiempo que pasaba con Jocelyn eliminaba parte de mi sufrimiento. Las dos nos divertíamos mucho. El tipo le había comprado toda clase de juegos y juguetes. Incluso tenía un Xbox y un reproductor de DVD para ver películas infantiles. Me permitían tener a la niña durante cerca de una hora todos los días, por lo general cuando el tipo se iba al trabajo. Si le daban permiso, Jocelyn iba a sentarse en mi cuarto y se ponía a colorear.

—¡Mira, Juju! —me decía, y señalaba un dibujo en su libro para colorear. Sus dibujos eran iguales a los de Joey, con marcas de crayón en toda la página.

—¡Qué bonito! —comentaba yo. Una vez le ayudé a hacer un dibujo de *Hello Kitty*. Yo lo dibujé primero y luego le dije que intentara copiarlo—. ¡Qué buen trabajo hiciste! —le decía, y ella respondía con una gran sonrisa—. ¡Ya te convertiste en una niña grande!

Acostumbraba pegar con cinta sus dibujos sobre mi pared, junto a la fila de tarjetas que yo dibujaba para celebrar los cumpleaños de Joey. Mis paredes estaban llenas de dibujos. A veces, si el tipo estaba de malas, entraba y rompía todas mis cosas. Yo comenzaba de nuevo y volvía a pegarlos en la pared.

La mayor parte del tiempo el tipo intentaba ocultar frente a su hija el abuso que cometía con nosotras. No creo que haya querido que la niña se diera cuenta de la clase de malvado que era, pero hubo ocasiones en que me golpeó frente a ella. Una tarde que estábamos en la cocina, Amanda y Gina estaban preparando nuestra cena común de arroz y frijoles, y Amanda machacaba un poco de la comida para alimentar a Jocelyn.

—¡Perra desgraciada! —me gritó el tipo y me dio una bofetada con el dorso de su enorme mano. Gina y Amanda se congelaron. No recuerdo qué hice para molestarlo; nunca era necesario hacer gran cosa para sacarlo de quicio.

Jocelyn, que jugaba sola en una esquina de la cocina, se nos quedó viendo. No hizo movimiento alguno. Debe haber estado tratando de averiguar por qué su padre era tan malo con su tía Juju.

Una vez, Jocelyn despertó gritando en medio de la noche. Había tenido una pesadilla muy fea. Gritaba con tanta fuerza que pudo haber despertado a todo el vecindario. El tipo subió corriendo por las escaleras y entró en la habitación de la niña;

la puerta entre ambos cuartos estaba abierta esa noche, así que pude ver lo que sucedía.

—¡Haz que se calle! —le gritó a Amanda. Ella intentó tranquilizar a la niña meciéndola y frotándole la espalda, pero seguía llorando. Así que el tipo puso su gran mano sobre la nariz y la boca de Jocelyn y le vociferó: —¡Cállate!

¿Va a lastimarla?, pensé. Quise asestarle un buen golpe, y pude ver que Amanda también estaba alterada, solo por la mirada de rabia que tenía en el rostro. A la larga, Jocelyn se tranquilizó, al menos hasta la siguiente vez que tuvo una pesadilla. A veces, cuando se despertaba gritando, yo intentaba ayudar a Amanda cantándole a la niña; ninguna de nosotras quería que el tipo subiera y volviera a tocar a Jocelyn.

Después de una de sus pesadillas, la niña me contó:

—El señor malo está tratando de lastimar a la gente.

—No te preocupes —respondí—. Todo estará bien.

Es posible que el tipo no haya golpeado a su propia hija, pero las heridas que le causó siguen pareciéndome muy profundas.

EN EL VERANO de 2012, Gina empezó a tener mucha comezón. Le salieron muchas ronchitas por todo el cuerpo.

—¿Qué crees que sea esto? —me preguntó mientras se rascaba una manchita en el brazo.

—Podría ser varicela —contesté. Sin importar lo que fuera, le estaba desgarrando la piel. Al tipo no pareció importarle, pero al día siguiente le trajo un ungüento que supuestamente serviría para calmar la comezón. No funcionó.

Durante los siguientes días, le salieron cada vez más puntos rojos, pero noté que no parecían estar convirtiéndose en lesiones de varicela. Eran más parecidos a picaduras de mosquito. Una tarde me di cuenta de cuál era la causa.

—Eso no es varicela —dije a Gina y al tipo—, son chinches. —Había visto una de ellas que corría por el colchón. La levanté y la sostuve frente a los ojos del tipo.

—¡Con un carajo! —respondió—. Tienes razón. Será mejor que cerremos la puerta para que no pasen a la habitación de Amanda y Jocelyn.

Eso es lo que sucede cuando eres un cochino; traes chinches a la casa. El tipo no había comprado nuestro colchón en una tienda. Una vez me dijo que lo consiguió en un callejón.

—Un colchón es una simple cosa para acostarse —comentó—. ¿A quién le importa si tiene unas cuantas manchas?

Sin embargo, para cuando llegó 2012 la cama no tenía nada más "unas cuantas manchas", estaba llena de toda clase de cosas, desde polvo y semen hasta escupitajos y sangre. Los colchones estaban tan asquerosos que me sorprendió que no hubiésemos tenido chinches desde hacía muchos años. Y cuando el tipo cerró las puertas de nuestro dormitorio había más de 40 grados centígrados en el exterior: hacía un calor infernal y no teníamos ventilación. Gina y yo sudábamos como cerdos. Pero incluso después de que le mostré la chinche, no tiró la cama. En lugar de eso, entró al cuarto con un enorme trozo de plástico.

—Levántense —indicó, y arrojó el plástico sobre el colchón—. ¡Bueno, espero que con eso se mueran!

¡Y yo espero que tú te mueras!, pensé. Unos días después, yo también empecé a tener picaduras. Sabía que eso sucedería; no existe modo alguno en que puedas dormir sobre un colchón lleno de bichos y que no te coman vivo. A la larga, ambas estábamos cubiertas de ronchas de pies a cabeza. A veces parecía como si estuvieran disminuyendo. Pero cada vez que empezaban a desaparecer, nos aparecía un montón de picaduras

nuevas. Era igual que con nuestra experiencia en la casa: cada vez que pensábamos que las cosas iban un poco mejor, en realidad empeoraban. Siempre había una nueva catástrofe esperando a la vuelta de la esquina.

Todo ese miserable verano nos dedicamos a rascarnos las picaduras de chinche y a tratar de permanecer frescas. En toda esa temporada solo pasó una cosa buena. Mientras estábamos en la cocina, el tipo dejó que Gina viera un periódico. En un anuncio vio un vestido que pensó que me gustaría. Luego, cuando yo no estaba con ellos, le pidió al tipo que comprara el vestido con el dinero que ella se había "ganado"; ese enorme montón de billetes que siempre nos arrojaba como si fuéramos prostitutas. No podía creer que hubiera ido a comprarlo, pero lo hizo. Después, Gina me contó toda la historia. Fue la única vez que nos permitió "comprar" algo con "nuestro dinero".

Cuando Gina me dio la sorpresa del vestido, yo estaba muy emocionada.

—¡Está precioso! —le dije—. ¡Me encanta!

Era un vestido veraniego sin mangas que tenía muchos colores bonitos: rosa, verde y azul. Era tan largo que llegaba más allá de mis tobillos. Usé mucho ese vestido para cubrirme todas esas picaduras espantosas de chinche.

Los días largos y calurosos dieron paso lentamente a días más cortos y fríos, pero las violaciones diarias no redujeron su ritmo. A veces, yo intentaba desviar la mente pensando en formas de escapar, y un día le dije a Gina que deberíamos empezar a hacer ejercicio para fortalecernos y matar al tipo a golpes.

Ella rió, pero unos días después empezamos una rutina. Todas las mañanas nos poníamos en el piso a hacer sentadillas y lagartijas, aunque estábamos bastante débiles.

—Tenemos que hacer suficiente músculo para escapar de aquí —dije en medio de una de las sentadillas. Gina asintió y siguió con sus ejercicios—. Claro que sí —continué—, vamos a fugarnos de este lugar. —Nos pusimos un poco más fuertes, pero seguíamos encadenadas en la avenida Seymour.

Para finales de septiembre, ya no podía continuar. Tenía náuseas y me salía leche; estaba embarazada de nuevo por quinta vez desde que estaba cautiva.

ESE OTOÑO, CUANDO Jocelyn tenía cinco años, el tipo la llevó a una especie de feria o carnaval en la calle. Regresaron con un poco de comida.

—Jocelyn quiso que les trajéramos *hot dogs* —dijo el tipo. El único problema era que el *hot dog* que me llevó estaba inundado de mostaza, a la cual soy sumamente alérgica.

Cuando tenía ocho años, comí unos huevos endiablados. Quince minutos más tarde se me hinchó toda la cara y se puso roja. No podía respirar. Mi madre me llevó a toda prisa a la sala de urgencias, los médicos me examinaron y descubrieron que fue a causa de la mostaza.

—Pudo haberla matado —señaló el médico a mi madre.

Nunca volví a comer mostaza. Así que cuando el tipo llegó a casa con *hot dogs* untados del ingrediente, sabía cuán peligroso era para mí. Él también lo sabía: cada vez que compraba hamburguesas en McDonald's, yo no comía si se le olvidaba pedir que no le untaran mostaza. Pero ahora, a sabiendas de mi alergia, insistió en que de todos modos la comiera. Colocó el *hot dog* sobre el colchón.

—Si no comes esto —anunció—, no recibirás nada más.

Varios días antes había vuelto a su costumbre de matarme de hambre y me había dicho: "Te enseñaré a hacer lo que te ordeno". Dejó de llevarme a la planta baja para la cena.

También en esa época se había dado cuenta de que estaba embarazada porque empecé a vomitar, lo cual le dio una buena razón para hambrearme.

—Si está en mis manos —dijo—, nunca tendrás un bebé en esta casa.

Aparte de eso, sentía que me estaba dando una especie de virus o catarro. Había estado tosiendo y estornudando sin parar. Además de que me dolía el estómago por no haber comido nada. Entonces, aunque sabía que la mostaza podía causarme un grave daño, me vi tentada a comer el *hot dog*. De inicio, no podía mantener nada dentro del estómago por las náuseas, pero a medida que avancé un poco con mi embarazo, regresó mi apetito. Para ese momento tenía tanta hambre que pensé: *Quizá si le quito la mostaza no me pase nada*. Créanme, se te ocurren muchas cosas locas cuando te estás muriendo de hambre, en especial si no tienes idea de cuándo recibirás otra comida.

—¡Cómelo o te disparo! —ordenó. Si de todas maneras iba a morir, supuse que al menos lo haría con el estómago lleno. Así que tomé el *hot dog* y usé la orilla de mi camiseta para quitarle la mostaza. Me lo llevé a la boca y di una mordida, y luego contuve el aliento.

Pasaron varios minutos y se me hinchó la cara. Se me cerró la garganta. Sentía el estómago como si me estuvieran desgarrando por dentro.

—Te ves muy mal —dijo Gina.

Al tipo no le importó. Por supuesto que no me llevaría al hospital. Solo se encogió de hombros.

—Ya se te quitará —señaló y salió de la habitación.

Esa noche me quedé acostada y recé pidiendo que la mostaza saliera poco a poco de mi organismo. *Dios, si me escuchas, necesito que me ayudes en este momento*, susurré.

Pero la situación se puso peor. Mucho peor. A la mañana siguiente, mi rostro tenía el doble del tamaño del día anterior a causa de la inflamación. Todo mi cuerpo tenía el color de un tomate maduro. No podía sentir la garganta ni la lengua. Cuando Gina despertó y me vio, pude detectar el temor en sus ojos.

—¡Dios mío! ¿Qué deberíamos hacer? —preguntó, pero yo no tenía energía suficiente para responder.

Para el segundo día, mi aspecto y los sonidos que salían de mi garganta finalmente asustaron al tipo. No solo mi cara estaba enorme, sino que también tosía con gran cantidad de flema. Me llevó una botella grande de jarabe para la tos.

—Toma un poco de esto —dijo mientras lanzaba el frasco sobre la cama.

En el curso de los días siguientes bebí el contenido de esa botella. Me ayudó un poco con la tos, pero no hizo nada por los demás síntomas. El tipo trajo unos frijoles negros de lata, además de un poco de agua. Gina hizo un puré con los frijoles y me los dio a comer. No podía abrir lo suficiente la boca para beber de la taza, así que Gina usó un popote para darme un poco de agua.

Para el quinto día ya no podía mover el cuerpo, mucho menos abrir la boca. Era el máximo dolor que hubiera tenido jamás.

—Ya no puedo lidiar con esto —dije en voz tenue a Gina. Estaba perdiendo el deseo de luchar.

Se acurrucó a mi lado y puso mi cabeza en su regazo.

—Michelle, tienes que permanecer fuerte por Joey —susurró—. Tu hijo te ama. Te necesita. No te puedes morir así. Por favor.

Una parte de mí quería seguir adelante, pero una parte aún mayor simplemente quería morirse. ¿Cómo puedo seguir viviendo de este modo? Si supero esto, ¿regresaré algún día con Joey? ¿La muerte cuando menos me librará de mi desgracia? Eso es lo último que recuerdo haber pensado antes de que todo se oscureciera.

Lo que pasó a continuación todavía me hace temblar cuando hablo de ello. Justo después de quedar en total oscuridad, abrí los ojos y vi una luz blanca. Era más brillante que cualquier otra luz que hubiese visto sobre la tierra. Entonces, de pronto, escuché una voz profunda. "No ha llegado tu hora, Michelle", anunció la voz. "No ha llegado tu hora. No ha llegado tu hora". Sentía que todo mi cuerpo era más ligero que una pluma. Lo siguiente que escuché fue el sonido de otra voz. Esta vez era Gina.

—Quédate conmigo —dijo Gina—. Puedes superarlo. Sé que puedes. Joey te ama. Yo también te amo.

Abrí los ojos y vi que todavía estaba en esa casa. Aún estaba en ese colchón sucio. Aún estaba atrapada en esa vida que me había llevado a las puertas de la muerte. Crucé al otro lado; sé que lo hice. Lo que vi y escuché no es algo que solamente imaginas.

En mil ocasiones diferentes de mi vida pedí a Dios que se apareciera. Como cuando aquel hombre de mi familia empezó a abusar de mí; cuando estaba temblando de frío bajo ese puente; cuando el tipo me colgó en ese cuarto rosa. Nunca había estado totalmente segura de que Dios pudiera escucharme, o de que siquiera le importara, pero la voz que oí esa noche me convenció de una cosa: Dios es real. Definitivamente. No sé por qué permitió que sucedieran tantas cosas horribles en mi vida. Es posible que nunca tenga una respuesta a esa pregunta, y todavía hay veces en que me enojo al pensar en eso. Pero solo existe una manera de poder explicar el motivo por el cual no estiré la pata por completo esa noche: Dios me regresó. Lo vi.

Lo escuché. Lo sentí. Y por el resto de mi vida, nunca dudaré de ello.

Necesité otros cinco días para que desapareciera la inflamación, y en todo ese tiempo Gina permaneció a mi lado. Me alimentó un poco más. Limpió el sudor de mi frente con la palma de su mano. Me alentó a hacer el esfuerzo. A veces Dios se presenta como una voz profunda y una luz brillante. Otras ocasiones aparece como una amiga llamada Gina. En esa noche oscura de 2012, Dios se presentó en ambas formas.

24

En pedazos

~~~

Llenas mi cabeza de agonía y dolor por todas las cosas que has metido en mi mente. Tengo una historia que debe contarse. Puedo ver con toda claridad lo que eres y todo lo que robas... el diablo simplemente cosecha tu alma.

TODAS LAS MAÑANAS sonaba el despertador del tipo, pero alrededor de noviembre de 2012 dejé de escuchar que se levantara de la cama. Seguía subiendo para llevarnos pedazos de comida asquerosa, pero se presentaba unas horas más tarde que antes. Y tampoco llevaba puesto el uniforme de conductor de autobús. Entonces me di cuenta de que no estaba trabajando. Hacía semanas que el tipo daba vueltas por la casa todo el día, cuando escuché que le dijo a Amanda lo que había pasado.

—¿Perdiste tu trabajo? —le preguntó ella una tarde.

—Sí —respondió el tipo—, me despidieron.

Ahora que todo el tiempo estaba en casa, me atacaba a cualquier hora del día o de la noche. Cuando el locutor en el radio empezó a hablar de las fiestas de fin de año y a tocar música navideña, sentí que caía en una depresión. Ya estaba por llegar la Navidad. Esa sería mi decimoprimera Navidad en esa cárcel. A lo largo del año pensaba en Joey, pero en la temporada navideña su presencia dominaba mi mente. Había perdido tantos años de su vida. Si lo veía de nuevo, ¡quizá ni siquiera lo reconocería! Para finales de 2012, Joey ya tenía trece años: era un adolescente. Me pregunté si sería alto como su padre, si le encantarían los deportes y si tan siquiera recordaría que yo era su madre. Lo más probable es que ya no se pareciera mucho al pequeño que había cargado en brazos y apenas empezaba a caminar. Lloré por mis dos hijos: el que no había visto en más de diez años y el que ahora crecía en mi vientre. Para entonces tenía casi tres meses de embarazo. El tipo no había podido sacarme al bebé matándome de hambre.

La única cosa buena de la Navidad era el nacimiento de Jocelyn. En diciembre de 2012 tenía seis años. Sé que podrá sonar como una locura, pero todos los años el tipo daba una fiesta para ella. No era una fiesta normal de cumpleaños a la que asisten otros niños, era solo para las cuatro personas que estábamos atrapadas en esa casa. Amanda y Gina colgaron serpentinas en la sala y una enorme banderola que decía "¡Feliz Cumpleaños!". Inflaron un montón de globos de colores y el tipo compró un pastel en una tienda. Pero nuestra comida fueron los mismos frijoles con arroz. Y, por supuesto, él tocó a todo volumen su fastidiosa música de salsa.

Por alguna razón, el tipo no me dejó ayudar a decorar la casa; solo me permitió asistir a la fiesta cuando estaba por terminar. Yo amaba a Jocelyn y quería que se sintiera una persona especial, pero también estaba tan hambrienta y cansada que apenas pude bajar las escaleras. Finalmente el tipo subió para llevarme al comedor.

—En realidad no formas parte de esto —señaló. *Entonces, ¿por qué demonios me forzaste a bajar?*, pensé. Sé que lo hizo para burlarse de mí, y para recordarme todos los cumpleaños que no pude celebrar con Joey—. Solo siéntate en las escaleras y mira desde ahí —agregó. Yo me dejé caer en el último escalón.

El tipo videograbó la fiesta, pero solo permitió que aparecieran Jocelyn y Amanda. No sé por qué era tan idiota de dejar que Amanda saliera en el video. Durante años, el rostro de Amanda había estado en todas las noticias locales y en el video se le podía reconocer como la chica que habían secuestrado al salir del Burger King.

Todas cantamos la canción de "Feliz cumpleaños". Jocelyn miró a su madre con una gran sonrisa y todos aplaudimos. Por espantosa que fuera la sensación tanto dentro como fuera de mí, era agradable verla feliz.

Cuando terminó la fiesta, Amanda, Jocelyn y Gina regresaron a la planta alta.

—Tú te quedas aquí —dijo el tipo.

Pensé que estaría a punto de llevarme a su cuchitril o al patio trasero; con toda seguridad la fiestecita le hizo sentir excitado. Pero señaló hacia las escaleras del sótano.

—Adelante —indicó. El pelo de mi nuca se puso de punta. *¿Qué estaba a punto de suceder?*

Cuando llegué al tercer escalón, me dio un empujón por la espalda. Me tambaleé hacia adelante y caí al fondo de las escaleras. Al aterrizar, mi estómago golpeó contra el borde de un librero.

—¡Es momento de resolver esto! —gritó—. ¡Te voy a esterilizar para que nunca puedas tener un hijo!

Doblada y con la cara contra el piso, pude escuchar el sonido de sus botas en el último escalón. Entonces me pateó directo en el estómago.

—¡Detente! —imploré a todo pulmón—. ¡Por favor, no vuelvas a matar a mi bebé!

Pero no se detuvo. Balanceó su pesada bota para patearme una y otra vez justo en el vientre.

—¡Antes de que salgas de este sótano —gritó— será mejor que ese bebé haya desaparecido! —y me golpeó la cabeza con la mano abierta.

Mientras subía a grandes zancadas por la escalera, me quedé sollozando.

—¡Dios, ayúdame! —imploré—. ¡Por favor, ayúdame! —Rodeé mi estómago con mis brazos para tratar de que el dolor punzante desapareciera. Subió el volumen de la salsa. Mis gritos histéricos se mezclaban con la voz de la cantante. Mientras gritaba sin parar, intenté ponerme de pie, pero antes de lograrlo, él regresó.

—¡Calla esa maldita boca! —exclamó—. ¡Si no dejas de gritar, de verdad que voy a matarte! —Entonces me tomó de la parte trasera de mi camisa y me empujó escaleras arriba y me llevó a mi cuarto.

Cuatro días después empecé a sangrar. El tipo vino a mi habitación y me arrastró al baño.

—Esperemos que ese bebé esté muerto —dijo. Cerró de golpe la puerta y se fue.

Me arrastré hasta el escusado y me bajé los *pants*. Me senté y sostuve mi cabeza entre mis manos. Un chorro de sangre cayó dentro de la taza. No podía respirar ni hablar. Sentía como si tuviera un elefante sentado en el pecho y había llorado tanto que sentía adormecido el rostro.

—¡Apúrate ahí dentro! —gritó. Un par de minutos más tarde, algo cayó al agua. Me incorporé y miré a la taza. Con la mano, recogí del agua a mi bebé. Me quedé parada ahí, llorando. *¿Por qué Dios y Gina no me dejaron morir?*, pensé. *La muerte hubiera sido mejor que ver destruido a mi propio hijo.* Bajé la vista hacia el feto que tenía entre mis manos.

—Siento tanto que te haya sucedido esto —gemí—. Lo siento tanto. ¡Merecías algo mejor que esto!

El tipo irrumpió en el baño.

—¡Con un demonio, te dije que te apuraras! —Miró mis manos ensangrentadas, y me pegó en la cara una bofetada tan fuerte que me hizo tirar el feto—. Es tu culpa. Abortaste a mi bebé. Debería traer mi pistola y volarte la cabeza de una vez.

Entonces salió a toda prisa y regresó con una bolsa de basura. Recogió al feto y lo metió dentro de la bolsa. Unos minutos después escuché que abría la puerta trasera.

No me permitió que me bañara. Así que cuando regresé arriba y vi a Gina, todavía era un desastre y estaba cubierta de sangre y de lágrimas. El tipo arrojó una pila de servilletas blancas sobre el colchón y me ordenó usarlas para limpiarme. Luego salió hecho una furia y cerró la puerta con llave. Hasta la fecha, cuando veo servilletas blancas me siento asqueada porque me recuerdan lo que tuve que atravesar.

—Dios mío. ¿Qué pasó? —preguntó Gina, acercándose a mi lado del colchón.

Empecé a llorar de nuevo.

—Me hizo perder al bebé —pude decir finalmente entre gemidos—. Se acabó, Gina.

Se quedó muy silenciosa, y al cabo de un momento me abrazó y dijo:

—Sé que querías tenerlo, pero a veces las cosas simplemente no funcionan de ese modo.

Esa noche, las dos nos quedamos acostadas lado a lado en el colchón, que aún estaba cubierto con plástico. Miramos al techo en total silencio. Podía escuchar su respiración y estoy segura de que ella también oía la mía. Algunas experiencias son demasiado dolorosas como para siquiera hablar al respecto, y esa fue una de ellas.

~

LA PRIMAVERA DE 2013 me pareció más fría que las anteriores. En las tardes de marzo, cuando el tipo me llevaba al patio para ponerme contra su camioneta, sentía el frío en el aire. Un día, cuando había terminado conmigo, fui hacia la puerta.

—Espera —indicó. Se dirigió hacia otra parte del patio y tomó una pala y unos guantes—. Hoy me ayudarás a hacer un trabajo aquí. Voy a poner un jardín.

¿Un jardín? ¿Desde cuándo empezaste con la jardinería?, pensé. Pero ya sabía que no debía hacer preguntas y solo me le quedé viendo.

—Vamos a cavar un gran agujero —decidió.

¿Por qué necesitas un gran agujero para el jardín?

—Empecemos a cavar aquí —dijo y señaló un área de pasto en la parte de atrás. Me puse los guantes e hinqué la hoja de la pala en el suelo congelado. La enorme pala sobrepasaba tanto mi estatura que apenas podía sostenerla, pero me las arreglé para hundirla en la tierra. *Cava. Cava. Cava.* Poco a poco iba sacando la tierra y arrojándola hacia un costado.

Después de un par de minutos de verme trabajar, tomó otra pala y empezó a cavar junto a mí.

—Haz un hoyo muy profundo —bramó. Así que seguí cavando una y otra y otra vez. Para la segunda hora, estaba empapada de sudor en las axilas y tenía la garganta seca. Las muñecas me dolían. El hoyo se iba haciendo cada vez más profundo, a pesar de ser tan duro el terreno.

Entonces comprendí: esto no era para el jardín. Era una tumba. ¡El tipo planeaba enterrar a alguien en su patio! ¿Por qué otra razón necesitaría un hoyo tan grande? Sin duda alguna, era del tamaño suficiente para un cadáver.

—¡Sigue cavando, perra! —me decía—. Todavía no tiene la profundidad suficiente.

Cada vez que levantaba una paletada de tierra, mi pulso se aceleraba más y más. *Este sí que puede ser el final,* pensé. Este psicópata ya mató a mis hijos y ahora me asesinará a mí.

Después de tres horas, el tipo bajó su pala y me indicó que dejara de cavar. Me quité los guantes y me limpié el sudor de la frente.

—Hasta aquí lo dejaremos hoy —dijo, respirando con dificultad—. Quizá podamos terminar mañana.

Mañana: el día para el que temía no llegar viva. Pero a pesar de que varias veces después de eso mencionó que me obligaría a cavar más, para mi alivio nunca lo concretó. Quizá haya sido otro de sus juegos mentales enloquecidos o tal vez estaba aguardando el momento preciso, cuando la tierra estuviera menos congelada.

Dicen que el tiempo cura el dolor, pero no creo que esa regla se aplique en este caso… No creo recuperarme de esta pesadilla.

25

Encontradas

⌒🐛

Siempre estarás en mi corazón. Siempre estaré contigo cuando caigas, para levantarte del suelo y darte fuerzas de nuevo. Siempre estaré ahí para ayudarte en el viaje que se llama vida. Así que cuando sientas que la vida se ha terminado, llámame y estaré ahí para ayudarte en la dicha y en la adversidad, para que puedas reintegrar los trozos de tu vida.

EL 6 DE mayo de 2013 abrí los ojos cerca de las diez de la mañana. Gina ya estaba despierta y dibujaba en su cuaderno. Ese día no estábamos encadenadas. Como mencioné antes, el tipo nos había amenazado tantas veces con su pistola y con golpearnos si hacíamos algo que no le gustara, que estábamos demasiado atemorizadas como para hacer el intento de escapar. Sabíamos que en cualquier momento podría estar oculto en el pasillo o en la planta baja, esperando que intentáramos algo para hacer de nuestras vidas un infierno aún peor. Sentía que, en mi caso particular, usaría cualquier excusa para golpearme en la cara o tratar de asfixiarme.

—Buenos días —dije a Gina entre bostezos. Me cubrí la boca con el dorso de la mano.

—Hola —respondió Gina. Estaba tan atenta a lo que dibujaba en su cuaderno que ni siquiera levantó la vista hacia mí. Tomé mi cuaderno azul y lo abrí para encontrar las hojas en blanco. Solamente quedaban unas cuantas. *¿Qué dibujaré hoy?*, pensé.

Flores: dibujaré unas flores para mi Joey. Afilé mi lápiz y empecé a hacer un bosquejo de un ramo de rosas. Imaginé que serían rojas. Mientras dibujaba los pétalos de una de las rosas, comenté:

—No sé por qué, pero tengo una extraña sensación en el estómago.

Gina bajó su lápiz y me miró.

—¿Por qué? —preguntó—. ¿Crees estar embarazada de nuevo o algo?

—No, no me refiero a eso. No sé por qué, pero siento un hueco en el estómago. Quizá sea este calor. —Hacía mucho calor, a pesar de que solo llevábamos camisetas sin mangas y *shorts*. Ambas proseguimos con nuestros dibujos.

Cerca de una hora después, escuché las risas de Jocelyn.

—¡Papi! ¡Papi! —gritaba, al tiempo que corría de arriba abajo por la escalera. Sonaba como si ella y el tipo estuvieran jugando. Minutos más tarde, oí que Jocelyn entraba a la habitación de su madre.

—¡Hola mami! —dijo. Parecía tan llena de alegría. Un momento después, oí que se abría la puerta del pasillo en la habitación de Amanda. Debe haber estado sin llave, porque no escuché el sonido de ninguna cerradura. Al principio, pensé que el tipo había llegado, pero luego oí que Jocelyn bajaba sola, riendo y cantando todo el tiempo.

Gina se me quedó viendo.

—¿Te importa si prendo el radio? —dijo y yo asentí; no estaba de ánimo para escuchar cómo se divertía el tipo.

—A continuación —anunció el locutor— el éxito del cantante de R&B ¡Ne-Yo!

Luego de unos instantes dio comienzo una de mis canciones favoritas: "Let Me Love You", y sus notas inundaron nuestra habitación. Empecé a seguir el ritmo, pegando con los pies en el suelo y canturreando en voz baja. Gina movía los hombros siguiendo la música. Le indiqué con la mano que bajara un poco el volumen porque no quería que el tipo nos encontrara escuchando a un cantante negro. Ambas seguimos dibujando y gozando de la música.

Oímos que Jocelyn corría por las escaleras hacia el primer piso. Hablaba tan alto que pudimos oírla por encima del sonido de la canción de Ne-Yo.

—¡Mami, papito fue a casa de Mamau! —Así era como Jocelyn llamaba a la madre del tipo. De hecho, la niña había ido a verla unas cuantas veces.

Esta podría ser nuestra oportunidad, pensé. *O quizá solo sea otra prueba.* En ocasiones anteriores, el tipo le había dicho a Jocelyn que se iría durante todo el día, a sabiendas de que era probable que la niña nos lo dijera. Minutos después de eso, el tipo abría el cerrojo de nuestra puerta y metía la cabeza para lanzarnos una sonrisa repulsiva. "Nada más quería ver si puedo confiar en ustedes", decía. Me percaté de que el anuncio de Jocelyn posiblemente era otra trampa. Y, además de eso, no escuchamos que la camioneta saliera de la rampa del estacionamiento. Así que nos quedamos sentadas en esa cama.

Pensé: *Por esta razón fue que tuve esa sensación tan extraña. Era una prueba que podría llevar a que nos mate a todas.* Amanda y Jocelyn empezaron a jugar en su habitación, y Gina y yo seguimos ocupándonos de nuestros asuntos. Jocelyn bajó y subió por las escaleras un par de veces más, mientras jugaba, cantaba y platicaba sin parar. Después de que terminé el ramo de rosas para mi osito amoroso, guardé mi lápiz y mi cuaderno.

—Estoy un poco aburrida —le dije a Gina.

Ella se puso a cambiar estaciones en el radio y encontró una canción que le gustaba. Yo me levanté y empecé a bailar por todo el cuarto con los pies descalzos. No me sentía muy bien, pero nunca me sentía muy bien que digamos.

Justo entonces oí a Jocelyn que subía corriendo a la habitación de su madre. Un minuto después escuché abrirse la puerta
de Amanda y dos pares de pisadas que bajaron por la escalera.
El tipo debe estar en su cuchitril, pensé. Con frecuencia, los tres
pasaban el rato en ese cuarto, y por lo general el tipo enviaba a
Jocelyn arriba para que trajera a Amanda. Seguí bailando.

Unos quince minutos después, de pronto me di cuenta de
algo: no escuchaba voces desde el piso de abajo. Solo para asegurarme, pedí a Gina que apagara el radio. Cuando lo hizo,
pude comprobar que el piso principal estaba en total silencio.
¿El tipo había llevado a Amanda y a Jocelyn a otra parte?

Lo siguiente que escuché fue un ruido muy fuerte. *¡Pum!*
¡Pum! ¡Pum! Venía de la puerta principal de la casa. Sonaba
como si alguien quisiera entrar por la fuerza. Casi me hice en
los calzones. Pensé: *Este es un barrio bajo. Seguramente estarán
tratando de robar aquí.*

El golpeteo cesó y fui de puntitas a la puerta y tomé el picaporte. Gina me miraba. *¿Estará cerrada?*, pensé mientras
giraba lentamente la perilla. No lo estaba. Abrí una pequeña
rendija y entonces, de pronto, escuché un *¡Bum!*

—Escóndete —le dije a Gina con voz jadeante. Corrí lo
más rápido posible hasta el radiador y traté de agacharme detrás de este. Estaba totalmente aterrorizada, imaginando que
un traficante de drogas o un ladrón trataban de entrar a la casa
y que nos encontrarían arriba y nos matarían. Después de todo
lo que habíamos pasado, no quería terminar de ese modo. No
pude esconderme detrás del radiador, así que corrí y me oculté
detrás de una cómoda y apagué la luz. Gina respiraba agitadamente del otro lado de la cómoda.

—¡Shhh! —susurré—. La casa quedó de nuevo en silencio.

Escuchamos los fuertes pasos de dos personas. *Hasta
aquí llegamos*, pensé, y todo mi cuerpo se puso a temblar. *Nos*

encontrarán aquí y nos matarán. Me había asustado tanto cuando oí el ruido, que había dejado la puerta entreabierta.

Se me cerró la garganta y apreté un puño. *¿Qué fue eso? ¿Quién está aquí?*

—¡Policía! —oí que gritó la voz de una mujer—. ¡Policía!

Gina y yo no podíamos vernos en la oscuridad.

—No sé si de verdad sea la policía —musité—, cualquiera puede decir eso.

No puedo decir qué pensaba Gina, pero yo no me movería ni un centímetro hasta averiguar qué estaba pasando.

Cuando se aproximaron los pasos, escuché el sonido de un radio intercomunicador. En la profunda oscuridad, me arrastré hasta la puerta y me asomé. Creí reconocer una manga de color azul marino. *¿Realmente será la policía?* No estaba segura. No podía distinguir quién era y no quería arriesgarme, en caso de que fuera alguien que *fingiera* ser un policía para convencernos de que saliéramos. Nos habían torturado y mantenido prisioneras por tanto tiempo, que en ese momento era difícil imaginar que nos rescataran.

Todavía en estado de terror, cerré la puerta.

—Me voy a meter aquí —le murmuré a Gina, pero no supe si me había oído. Luego caminé a gatas hasta la puerta que conectaba nuestro cuarto con el de Amanda. Me oculté detrás del gabinete de su televisor. Todo ese tiempo sentí que el corazón se me salía del pecho.

Segundos después, se entreabrió la puerta de Amanda. Vi entrar dos pares de botas.

—¿Hay alguien aquí? —dijo la misma voz que había escuchado antes. No respondí. Miré hacia arriba y pude ver a un hombre y una mujer vestidos con uniformes de policía. Ambos llevaban armas a la cintura. ¡En cuanto vi sus placas plateadas brillar en la oscuridad, salí de mi escondite y me lancé directo a los brazos de la mujer policía! Rodeé con tanta fuerza su cuello con mis brazos que casi la asfixié.

Gina estaba llorando cuando salió. Miró hacia mí y luego a la policía, como si no pudiera creer lo que estaba viendo, estaba hecha un mar de lágrimas.

—¿Hay alguien más con ustedes? —preguntó el policía.

—No creo —le respondí con los labios temblorosos. No estaba segura de dónde estaban Amanda y Jocelyn. Solo sabía que no estaban en el primer piso.

La mujer policía intentó que la soltara, pero yo me colgué de su cuello. Debía asegurarme de que iba a salir viva de ahí, sobre todo porque no tenía indicio alguno de dónde estaba el tipo o de si realmente estábamos a salvo de él.

—¿Hay algún arma en la casa? —inquirió el policía.

—Hay una pistola en alguna parte —contesté—, pero no sé dónde está.

—Vamos a revisar el resto de la casa —me indicó la mujer policía.

Fue entonces que finalmente dejé que me bajara. Por la escalera subió otro policía que vestía una camisa azul de manga corta.

—Ya todo está bien —nos informó. Estoy segura de que se dio cuenta de cuán asustadas estábamos todavía—. Consigan ropa. Las esperaré justo aquí al inicio de las escaleras.

Ambas regresamos a nuestra habitación y nos cambiamos las camisetas y *shorts*; yo me puse unos *pants*, un suéter rosa, calcetines y zapatos. Las manos me temblaban todo el tiempo, y sentía como si un torbellino me hubiera golpeado en la cabeza. Me sentía delirante.

—Gina, ¿puedes creerlo? —dije—. ¡Somos libres!

Ella se cambió la ropa y se puso una blusa blanca y unos pantalones afelpados con manchas de guepardo. Entre risas y llanto, empezamos a juntar nuestros cuadernos, pero cuando entraron los policías para comprobar cómo estábamos, nos dijeron que debíamos dejar los diarios ahí.

—Después se los entregaremos —dijo el hombre que llevaba mangas cortas—. Vamos abajo.

¡No tuvo que decirlo dos veces! Prácticamente corrimos por esas escaleras. Con cada paso que daba, pensaba en todos los años que habían pasado desde que el tipo me engañó para que subiera por esas escaleras con la promesa de un cachorrito. Pensé en los cientos de días que sus sucias botas subieron por ahí para venir a violarme. Pensé cuando me aventó por esas escaleras para matar a mi bebé. Algunos de los momentos más horribles de mi vida sucedieron en esos escalones; y ahora, con treinta y dos años, bajaba por ellos por última vez.

Cuando llegué al último peldaño, no miré atrás. Quería largarme de ese lugar para siempre. Tenía que regresar con mi Joey. Busqué con la mirada a Amanda y a Jocelyn, pero como no estaban abajo, supuse que ya estarían con los policías.

Un oficial abrió la puerta principal y yo la atravesé. Era la primera vez que estaba en el porche delantero. El sol me pareció demasiado brillante. Después de que mis ojos se acostumbraron a la luz, miré mis brazos. Estaban pálidos como los de un fantasma. Vi hacia la calle. Frente a la casa estaba estacionada una ambulancia.

—Vengan por aquí —indicó el policía.

Las puertas traseras de la ambulancia estaban abiertas. Dentro vi a Amanda y a Jocelyn. *¿Fue ella quien llamó a la policía? ¿Llamó al teléfono de emergencias? ¿Cómo se salieron las dos? ¿Y dónde estaba el tipo?* Seguía yo tan confundida sobre lo sucedido. Amanda cargaba a Jocelyn y lloraba a lágrima viva. El policía nos ayudó a subir a la ambulancia.

—Juju, ¿estás bien? —preguntó Jocelyn. Respondí que sí, y empecé a llorar. Amanda me tomó de la mano y la apretó.

—¡Ahora estamos libres! —exclamó—. ¡Vamos a casa!

Después de que Gina se nos unió, todas nos abrazamos y lloramos como bebés. Nuestros años en el infierno por fin habían terminado.

Un hombre calvo parecido a Kojak me preguntó mi nombre.

—Soy Michelle —susurré—. Michelle Knight.

Entonces me colocó una mascarilla de oxígeno y eso hizo que sintiera que el corazón se me iba a los pies. Los paramédicos me recostaron sobre una camilla y me pusieron suero intravenoso.

—Se ve muy mal —escuché que decía uno de ellos—. Está muy pálida.

Fui la única a la que le pusieron mascarilla y suero. Alguien cerró las puertas traseras y salimos a gran velocidad con las sirenas prendidas: *¡Niinoo! ¡Niinoo! ¡Niinoo!* Llegamos al hospital en menos de dos minutos. Los paramédicos ayudaron a las otras chicas a descender de la ambulancia.

Un equipo médico me llevó a mi habitación, y los doctores y enfermeras empezaron a atenderme desde todas direcciones.

—Te voy a examinar —dijo una de las doctoras. Estaba avergonzada porque el pelo de mis piernas estaba tan grueso como matorrales. Cuando la enfermera se dio cuenta de que intentaba alejarme, dijo que todo estaría bien y me acarició el brazo.

Dentro del hospital no pude ver a Gina y Amanda, aunque quería hacerlo. Alguien me informó que al día siguiente se habían ido a casa. Según lo que me dijeron, yo estaba demasiado enferma como para abandonar el hospital tan pronto. Esa mañana, cuando todavía estábamos en la casa, no me había sentido muy bien, pero ya me había acostumbrado a sentirme muy mal. No tenía idea de que estaba prácticamente al borde de la muerte.

En el curso de los siguientes días me hicieron todas las pruebas imaginables. Lloré en la mayoría de ellas. Me deben haber puesto una docena de agujas diferentes en los brazos. Y no quería que ninguno de los médicos o enfermeros varones se me acercara. Solo me sentía cómoda con las mujeres. En algún momento, una enfermera me pidió que me subiera a una báscula. Cuando llegué a esa casa pesaba cerca de 59 kilogramos. Ese día en el hospital pesaba menos de 38 kilos.

Tenía una larga lista de problemas de salud. Tenía una grave lesión en la mandíbula por las muchas veces que el tipo me dio puñetazos en la cara. Una vez me golpeó en la quijada con una pesa, por eso es que algunas de mis palabras suenan raro cuando hablo. También tenía un daño considerable en los nervios de mis brazos; tiemblan todo el tiempo. Pero el peor mal de todos era una infección bacteriana que literalmente estaba devorando mi estómago. Era un milagro que estuviera sentada en ese hospital.

Me enteré de que mucha gente debe haber estado siguiendo mi historia, porque me empezaron a inundar con docenas de flores, globos y regalos. ¡Cada rincón de mi habitación estaba atestado de cosas! Después de haberme sentido invisible durante la mayor parte de mi vida, me sentí abrumada por tener de pronto tanta atención. Pero estaba muy agradecida. Personas que ni siquiera me conocían, me estaban demostrando más amor del que nunca antes hubiera sentido en toda mi vida.

Cuando tuve permitido ingerir alimentos sólidos, mi primera comida fue una hamburguesa con queso (¡sin mostaza!) de Steak'n Shake, además de un *Blizzard* (helado) de pay de queso del Dairy Queen. Por una vez en la vida quería probar una hamburguesa que no estuviera podrida. Uno de los oficiales de policía fue en persona a comprarme la comida. Al dar el primer mordisco a esa gruesa y enorme hamburguesa, ¡sentí que me había ido al cielo! Un poco del jugo escurrió por mi quijada. El *Blizzard* estaba igual de delicioso. No había comido helado en años y era muy fría la sensación al pasar por mi garganta.

Se me explicó que necesitaría un abogado y varias personas rápidamente me ayudaron a encontrar uno. Mi abogada me informó que personal del FBI me entrevistaría y grabarían esa entrevista en video. Al día siguiente, cuando me llevó a encontrarme con el FBI, estaba sumamente nerviosa. *¿Qué les diré? ¿Cómo explicaré todo? ¿Las otras chicas estarán ahí?* Pero solamente éramos las agentes y yo. Dos mujeres me entrevistaron, mientras otras personas escuchaban detrás de una pared. No podía verlas, pero ellas sí podían verme. Era una situación que me crispaba los nervios; en realidad odio hablar con alguien si hay otras personas que nos escuchan.

Las dos mujeres me hicieron mil preguntas sobre todos los detalles de lo que aconteció en la casa y de lo que atravesé en cada uno de esos años. Tenían todos mis cuadernos, por lo que supuse que la policía los había sacado de la casa. En ciertos momentos no podía recordar exactamente cómo habían sucedido algunas de esas cosas, porque algunas de las fechas se mezclaban en mi mente. Pero sí recuerdo lo que ese psicópata me hizo.

Esa primera conversación duró horas, y en los siguientes dos días tuve que regresar con esas mujeres para darles más información. Al final me sentía agotada.

Mis dos hermanos, Eddie y Freddie, fueron a visitarme al hospital. En esa ocasión, Eddie no pudo subir a mi habitación, creo que por alguna regla acerca del número de visitantes. En el momento que Freddie y yo nos vimos, rompimos en llanto. La última vez que lo vi era un adolescente y ahora estaba convertido en un adulto.

—¡Te extrañé, hermana! —dijo.

—¡Yo también te extrañé! —respondí y nos dimos un abrazo muy fuerte.

Por la emoción me fue muy difícil hablar con él durante largo rato. Tampoco estaba lista para tener una conversación sobre nuestros padres. Los recuerdos de lo que pasó cuando era niña siguen siendo demasiado dolorosos. Verlos me recordaría todo eso. Solo había alguien a quien no podía esperar para ver: Joey.

—Voy a necesitar que todos me den un poco de espacio durante un tiempo —dije a Freddie—. Tengo que averiguar qué voy a hacer conmigo cuando salga de aquí.

Freddie aseguró que entendía mis sentimientos y después de unos minutos me abrazó de nuevo y se fue. Antes de salir me dio su número de celular.

—Cuando estés lista, llámame —dijo Freddie, y yo asentí.

Esa misma tarde le dije al personal del hospital que ya no quería más visitantes, ni siquiera mi familia. Mi corazón no podía soportarlo. Quería mi privacidad y un poco de tiempo para empezar a sanar.

—¿No quieres ver al resto de tu familia? —preguntó en varias ocasiones mi abogada.

—No quiero hablar con nadie en este momento —le respondí.

Posteriormente, mi abogada me dijo que el FBI había encontrado un sitio de vivienda asistida a donde podía ir.

—Es un lugar seguro para quedarte ahí hasta que descubras qué quieres hacer después.

Mi abogada dijo que era lo mejor para mí, pero estaba triste de no tener un verdadero hogar propio al cual regresar.

El 10 de mayo de 2013 salí del hospital: cuatro días después de que escapamos. Me escabullí de ahí en secreto, sobre todo porque no estaba lista para hablar con los medios de información ni con nadie más. Me provocaba demasiado miedo. Un chofer me llevó a mi nueva casa en el centro de vivienda asistida. El trayecto fue de al menos una hora. Mientras veía la ciudad a través de la ventanilla, me asombró cuánto había cambiado. Había edificios altos que no conocía. La zona del centro tenía nuevas casas y edificios de departamentos. Incluso los autobuses de la ciudad se veían diferentes; ahora los conductores estaban sentados detrás de barreras de plástico. Me senté en el asiento trasero y observé el entorno desconocido. Durante once años mi vida había quedado suspendida, pero Cleveland y el resto del mundo habían seguido su marcha. Lo único que me quedó por hacer fue llorar.

Un nuevo comienzo

EL CENTRO DE vivienda asistida era una casa de dos pisos que administraba una pareja. Vivían en su propia área independiente en la planta alta. Abajo había tres habitaciones dobles que ocupaban dos personas cada una. En total, eran siete u ocho los residentes. Gracias a Dios yo tenía mi propio dormitorio y después de haber estado once años encerrada en un piso superior, cuando menos podía vivir en el piso principal. Uno de los residentes tenía setenta años, otro tenía ochenta y cinco, y había otro que incluso tenía noventa años. Unos meses después llegó una persona de dieciocho años, lo cual me dio la posibilidad de poder hablar con alguien más cercano a mi edad.

Pero cuando has pasado once años en prisión, lo último que buscas es "asistencia" en un hogar grupal. Lo que quieres es libertad. Quieres asumir el control de cada decisión, por pequeña que sea, ya que antes estabas gobernada por otra persona: como cocinar tus propios alimentos. No me gustaba la comida de esa casa (que en su mayoría era polaca), pero no había mucho que pudiera hacer al respecto. Y cuando llegué inicialmente ahí, la gente que manejaba el lugar intentaba ocuparse de la limpieza de mi espacio, pero en realidad quería hacerlo yo misma.

No quiero que me malinterpreten: estaba emocionada y agradecida de estar en un lugar seguro, lejos de ese maniático.

¿Tienen alguna idea de cómo se siente despertarse y darse cuenta de que nadie los violará ese día? ¿De cuán maravilloso es ver la luz del sol que se filtra a través de la ventana? ¿Cuán extraordinario es simplemente caminar por todas partes sin tener una pesada cadena atada a las muñecas o tobillos? Es una sensación asombrosa. Y una vez que tienes esa sensación, quieres la total independencia. En otras palabras, quieres retomar toda tu vida.

Un par de días después de llegar a la casa, finalmente vi un poco de televisión. OH. DIOS. MÍO. Sabía que nuestro escape había sido una gran noticia —mi abogada me contó algunas partes de la historia—, pero hasta que vi el noticiero, no me había dado cuenta de que el *mundo* entero hablaba de eso. Escuché que Amanda le dijo a la policía que, al bajar a la planta principal de la casa, se dio cuenta de que el tipo se había ido y notó que había dejado sin cerrojo la puerta principal interior. Había una contrapuerta que tenía puesta una cadena, de modo que solo se podía abrir una pequeña rendija. Pero la abertura era suficientemente grande como para que Amanda pudiera sacar el brazo. Un reportero dijo que Amanda empezó a gritar pidiendo ayuda y a mover el brazo. Nunca escuché esos gritos desde mi habitación, así que me pregunté si era posible que haya estado gritando mientras Gina y yo escuchábamos el radio.

Charles Ramsey, un hombre negro que vivía en el barrio, dijo a los policías que escuchó los gritos mientras estaba en su casa comiendo una hamburguesa de McDonald's, según comentó en una entrevista:

—Salí y vi a una chica que se estaba volviendo loca tratando de salir de una casa. De modo que fui al porche y ella dijo: "Ayúdeme, he estado aquí por mucho tiempo". Imaginé que era un altercado por violencia doméstica.

Él y otro de los vecinos, un hombre latino que se llama Ángel Cordero, patearon la parte inferior de la contrapuerta. Esos deben haber sido los golpes que oímos Gina y yo cuando pensamos que alguien estaba tratando de entrar a robar. Tanto Charles como Ángel, al igual que la policía y los rescatistas, los médicos y enfermeras, y todas las demás personas que nos ayudaron ese día, siempre serán mis héroes.

También escuché esto en los noticieros: después de que Amanda se deslizó por debajo de la puerta principal, abrazó muy fuerte a Jocelyn y corrió al otro lado de la calle a la casa de un vecino. Desde ahí llamó al 911. Casi todas las estaciones de noticias de Cleveland reprodujeron esa llamada. Esto es parte de la transcripción de la llamada.

AMANDA: Ayúdenme. Soy Amanda Berry.

OPERADOR: ¿Necesita a la policía, los bomberos o una ambulancia?

AMANDA: Necesito a la policía.

OPERADOR: Muy bien. ¿Qué está pasando?

AMANDA: He estado secuestrada y desaparecida por diez años, y ahora estoy… estoy aquí. Ahora estoy libre.

OPERADOR: Muy bien, ¿y cuál es su dirección?

AMANDA: Avenida Seymour 2207.

OPERADOR: Seymour 2207. Parece que me está llamando del 2210.

AMANDA: Estoy al otro lado de la calle. Estoy usando el teléfono de un vecino.

OPERADOR: Bien, permanezca con esos vecinos. Hable con la policía cuando llegue.

Al llegar los policías a la casa del tipo, Amanda les dijo que Gina y yo estábamos atrapadas adentro. Según un par de informes que escuché, también les dijo que probablemente encontrarían al tipo en el vecindario y que conducía un convertible azul Mazda Miata. Nunca había visto ese auto, pero él lo utilizaba cuando llevaba a Jocelyn a pasear.

Es probable que nunca conozca todos los detalles de lo que pasó el día que escapamos, porque estaba en mi habitación hasta que subió la policía. Y en realidad no pude hablar gran cosa con Amanda luego de que viajamos en esa ambulancia el 6 de mayo. Meses después, la vi por un par de minutos cuando las tres grabamos una declaración para la prensa. Pero había tantas personas alrededor, que en realidad no pudimos sentarnos a hablar.

Según lo que me dijo mi abogada, la policía encontró a Ariel Castro en el estacionamiento de un McDonald's, sentado en su Mazda con uno de sus hermanos llamado Onil. La policía los arrestó y luego también se llevaron a Pedro, otro de los hermanos de Ariel. A los hermanos los liberaron tres días después, el 9 de mayo, porque la policía dijo que no tuvieron nada que ver con nuestros secuestros. Ambos dijeron que habían visitado la casa en Seymour, pero que el tipo no les permitía pasar del área de la cocina. También dijeron que siempre era muy reservado y que tenía candados en muchas de las puertas. Según sus afirmaciones, no tenían indicio alguno de que estuviéramos en la casa y que, de haberlo sabido, definitivamente hubieran llamado a la policía.

El comportamiento que describen sus hermanos coincide con lo que yo sabía acerca del tipo. No existe nadie más astuto o manipulador que ese hombre. Su propio hijo, Anthony, comentó que no tenía idea alguna de lo que había hecho su padre. Informó a la prensa que apenas un par de semanas antes de nuestro escape, su padre le había preguntado si creía que Amanda Berry seguía con vida. Cuando Anthony respondió que pensaba que Amanda estaba muerta, el tipo le había contestado: "¿De verdad? ¿Eso crees?". En ese momento, ese comentario le pareció extraño a Anthony, pero no tenía idea de que en realidad su padre tuviera cautiva a Amanda.

En retrospectiva, pienso que quizá el tipo *quería* que lo atraparan. Todo su mundo se estaba derrumbando y había perdido su trabajo. Me daba cuenta de que estaba harto de su vida. Hacia el final decía cosas como: "Un día van a descubrir lo que hice y me van a encerrar". Sabía que no podría mantener su mentira por mucho más tiempo, cuando Jocelyn creciera. Es probable que esa haya sido la razón por la cual mencionó a Amanda en esa conversación con su hijo. En alguna parte de su interior, quizá quería que alguien lo atrapara para que toda esa locura simplemente terminara.

Durante el verano de 2013 seguí las noticias. La policía acusó al tipo de cuatro cargos por secuestro y tres cargos por violación. Lo que pensé fue, *¿Eso es todo? ¿Nada más tres?* Pero el 26 de julio se declaró culpable de 937 delitos, incluyendo violación, agresión y homicidio. *Eso me parece más justo,* pensé.

Como parte de ese trato, se le condenaría a prisión de por vida sin posibilidad de salir bajo palabra, y se destruiría esa asquerosa casa. Parte de lo que declaró ante el tribunal me enfureció. Habló sobre su adicción a la pornografía y el abuso que sufrió cuando niño. Eso ya lo había oído antes. Muchas personas sufren abuso, pero no salen a secuestrar a tres mujeres. No sentí pena por él; todavía estaba enojada.

ANTES DE LA audiencia de sentencia del tipo, que ocurrió el primero de agosto, había decidido que quería testificar. Mis abogados no pensaron que fuera una buena idea. Creo que querían protegerme de tener que verlo de nuevo.

—Necesito enfrentar a mi demonio —dije—. Quiero hablar ante la corte. No tengo ningún problema con hacerlo.

Varias semanas antes de la audiencia, Gina y yo hablamos por teléfono.

—¿Vas a testificar? —pregunté.

Ella suspiró y respondió: —No creo que esté lista. ¿Tú sí?

—Claro que sí —afirmé—. No quiero que después, al recordar esto, me arrepienta de no haberlo hecho.

Gina no testificó y, para ella, esa fue la decisión correcta. Su prima, Sylvia Colon, hizo una declaración a nombre de Gina y de su familia. Mi abogada me informó que Amanda tampoco planeaba asistir al tribunal; su hermana, Beth Serrano, hablaría en su nombre. Cada una de nosotras tuvo que elegir su propio camino. Yo elegí redactar una declaración y hablar ante la corte, más que nada porque sentí que esa era una forma en que podía iniciar mi recuperación. Todos los días que pasé en la casa ese hombre me hizo las cosas más horribles. Quería probarle a él y al mundo que quizá me haya lastimado gravemente, pero que no me había doblegado. Al final seguía aquí, y seguía firme.

El día de la sentencia no pensé demasiado en cuál ropa llevaría. Tan solo me puse un vestido floreado que tenía. No estaba enfocada en lo que cualquiera pudiera pensar acerca de mí o de lo que pudieran decir. Entré a la corte y me senté junto a mis abogados. Cuando vi inicialmente al tipo, tuve cierta sensación de terror. Todo el tiempo que permaneció sentado y esposado en una mesa, me miró directamente. Me dio la impresión de que, con su mirada, quería decirme: "Por favor, diles que no hice nada malo".

Me sentí asqueada. Se veía más delgado que cuando estaba en la casa. Supongo que no le gustaba la comida que le daban en la cárcel. *Ahora ya sabes qué se siente*, pensé. Estaba un poco más limpio, pero seguía siendo tan feo como siempre. En especial vestido con ese overol color naranja.

Los familiares de Gina y Amanda hablaron antes que yo. Cuando finalmente pude leer mi declaración, las manos me temblaban como de costumbre. Pero aparte de eso, me sentía bastante tranquila:

Buenas tardes. Me llamo Michelle Knight y me gustaría decirles cómo fue esto para mí. Extrañé a mi hijo todos los días. Me preguntaba si algún día volvería a verlo. Él tenía solo dos años y medio cuando me secuestraron. Miro dentro de mi corazón y veo a mi hijo. Todas las noches lloraba. Me sentía tan sola. Todos los días me preocupaba lo que podría sucederme a mí y a las demás chicas. Los días nunca se volvieron más cortos. Los días se convertían en noches y las noches en días. Los años se volvieron una eternidad.

Sabía que no le importaba a nadie. Él me dijo que mi familia no se preocupaba ni siquiera durante las festividades. La Navidad era el día más traumático para mí porque no podía pasarlo con mi hijo. Nunca nadie debería tener que atravesar por lo que yo pasé; nadie más, ni siquiera el peor enemigo.

Gina era mi compañera de equipo. Nunca me dejó caer y yo nunca la dejé caer a ella. Me cuidó y me ayudó a recobrar la salud cuando estaba muriendo a causa de los abusos. Mi amistad con ella es la única cosa buena de esta situación. Decíamos que algún día saldríamos vivas, y lo hicimos.

Ariel Castro, recuerdo todas las veces que llegaste a casa hablando sobre todo lo malo que hacían los demás y actuando como si no estuvieras haciendo lo mismo. Decías que cuando menos no me habías matado. Pero tomaste once años de mi vida y ahora la he recuperado. Pasé once años en el infierno y ahora tu infierno está apenas comenzando.

Superaré todo esto que ha pasado, pero tú enfrentarás el infierno por toda la eternidad. Desde este momento en adelante, no

permitiré que me definas o que afectes quien soy. Seguiré viviendo.
Tú morirás un poco cada día.

Mientras piensas en los once años de atrocidades que nos in-
fligiste, ¿qué pensará Dios de que hipócritamente hayas ido todos
los domingos a la iglesia y regresabas a torturarnos? La pena de
muerte sería mucho más fácil. No la mereces. Mereces pasar una
vida en prisión. Puedo perdonarte, pero nunca olvidaré. Con la
guía de Dios prevaleceré y ayudaré a otras personas que han su-
frido a manos de otros.

Escribir esta declaración me dio la fortaleza para ser una mu-
jer más fuerte y saber que existe el bien. Hay más bien que mal.
Sé que existen muchas personas que están pasando por tiempos
difíciles, pero necesitamos llegar a ellas y abrazarlas y hacerles
saber que se les escucha. Después de once años, finalmente se me
ha escuchado y es una sensación liberadora. Gracias a todos us-
tedes. Los amo y que Dios los bendiga.

Después de terminar la lectura, me sentí tan libre, pero era
una especie diferente de libertad de la que tuve el 6 de mayo.
Salir de esa casa representó la libertad para mi cuerpo; presentarme ante el tribunal, fue la libertad de mis emociones y espíritu. Cuando volví a tomar asiento, mi abogada y unas cuantas
personas más me abrazaron y lloré. No lloré porque estuviera
triste. Eran lágrimas de felicidad y de alivio.

Se permitió al tipo dirigirse a la corte durante la sentencia:

—La gente intenta pintarme como un monstruo, pero no
soy un monstruo —afirmó—. Estoy enfermo.

Eso último fue lo único cierto que salió de su boca ese día.
Declaró que no era violento. Incluso tuvo el descaro de decir
que el sexo fue "de común acuerdo" y que en la casa había
"armonía". Después de terminar, sentí que se había hecho
justicia. El juez le asignó la peor sentencia posible: prisión de
por vida sin posibilidad de libertad bajo palabra, más mil años
adicionales.

Cerca de un mes después de la sentencia, la mujer que administraba el hogar de vivienda asistida entró en mi habitación para hablar conmigo.

—¿Has visto las noticias? —preguntó. No las había visto—. Bueno, será mejor que te informe algo —continuó—. Ariel Castro se suicidó hoy.

Le dije que quería estar sola. Posteriormente encendí el noticiario para oír los detalles: el tipo se había colgado con una sábana de su cama. Me senté a llorar. *¡Qué miserable!* Yo quería que estuviera sentado en su celda, pudriéndose un poco cada día por el resto de su vida, justo como me había forzado a hacerlo a mí.

A la mañana siguiente llamé a Gina. Estaba enterada de la noticia y afirmó que también había llorado. Estaba tan enojada como yo de que hubiera tomado la salida del cobarde.

—Ni siquiera pudo lidiar con un mes de la tortura a la que nos sometió —dije.

Varias semanas después, cuando salió la noticia de que se había matado intentando algo que se conoce como "asfixia autoerótica" (básicamente utilizó la sábana para ahorcarse e intensificar con eso el orgasmo), no me sorprendió. Me imagino que sacó esa idea del programa de televisión que solía ver acerca de fetiches extraños.

<hr />

ESE DÍA, GINA y yo hablamos por teléfono varias veces. Ella era mi mejor amiga en esa casa, la persona a la que literalmente estaba encadenada. Quería hablar con ella todos los días, pero a medida que pasaron los meses, las llamadas telefónicas entre nosotras se fueron haciendo cada vez más escasas. Al igual que yo, tenía que poner orden en sus sentimientos y tomar sus propias decisiones. Tuve que respetar su decisión de seguir adelante. Si no hubiera sido por la ayuda que me dio Gina en esa casa, no estaría aquí. Por el resto de mi vida estaré agradecida con ella por su amistad.

No mucho después de llegar al hogar de vivienda asistida, empecé a ver a una psicóloga. Para ser franca, tuve dificultad para abrirme con ella acerca de mis sentimientos. No es fácil hablar con alguien que no te conoce. Aunque era una mujer muy agradable, no podía tomar el lugar de Gina. Solo otras dos personas en este mundo tienen idea de lo que sufrí, y ellas son Gina y Amanda.

Todo el tiempo la gente se me acerca en las calles y me pregunta cómo me está yendo. Sé que su intención es buena. Pero en realidad no puedes explicarle a alguien cómo se siente salir súbitamente de una situación en la que compartes un colchón sucio con una amiga, a sentirte totalmente sola en el mundo. Es imposible que alguien que no haya vivido eso pueda entenderlo, a pesar de que verdaderamente se preocupen por ti. Esa es la razón por la cual simplemente me siento a escribir en mi diario y a dibujar. Eso me mantiene cuerda.

Pasaron varios meses antes de que el FBI regresara mis cuadernos de espiral. Leí cada uno de ellos; todas esas experiencias dolorosas. A veces tenía que detener la lectura porque era demasiado. Pero, en cierto modo, era por esa razón que necesitaba leerlos. Para poder superar algo terrible, a veces tienes que atravesar el dolor en lugar de darle la vuelta. Quizá sea desagradable. Podría hacerte sollozar. Pero si te permites llorar el tiempo suficiente, finalmente llegarás al límite de tus lágrimas. Aún no he llegado a ese límite, pero sé que algún día lo haré.

~

LA GENTE ME pregunta todo el tiempo de dónde obtuve la fortaleza durante esos once años en el infierno. La respuesta es una sola palabra: *Joey*. Gina me ayudó a aferrarme a la esperanza durante mis momentos más oscuros, pero la esperanza misma era mi hijo. Mi osito amoroso. Mi razón para despertar todas las mañanas. Desde el instante en que tuve que despedirme de él, siempre lo he tenido dentro de mi corazón. El deseo de recuperarlo es lo que me mantuvo respirando. Estoy viva hoy gracias a él. A veces, la gente permanece viva por otra persona. Yo he permanecido viva por Joey.

Mientras todavía estaba en el hospital, tenía una pregunta importante para mi abogada:

—¿Cómo está Joey?

Ella carraspeó, me miró a los ojos y me dijo suavemente:

—Bueno, cuando tenía cuatro años lo adoptó una maravillosa familia sustituta.

Miré al piso e intenté evitar que se me salieran las lágrimas. Estaba feliz de que Joey estuviera en buenas manos, pero sentía desesperación por verlo de nuevo.

—¿Algún día lo volveré a ver? —pregunté.

—No lo sé —dijo luego de una pausa—, tendremos que averiguarlo.

Ya no fui capaz de detener el torrente de lágrimas. Metí la cara entre mis manos y lloré durante una hora.

Al principio esa noticia me rompió el corazón, pero he llegado a entenderlo. Mi abogada me explicó que la familia adoptiva de mi hijo no quiere que entre en contacto directo con él. Temen que pueda alterarlo demasiado, y por mucho que quiera abrazarlo con todas mis fuerzas y decirle tantas cosas, también me atemoriza lo mismo que a ellos. Es posible que haya visto la historia de mi escape en las noticias, pero no sé si está enterado de que soy su madre. De hecho, no sé si su nueva familia le llame Joey. Quizá le hayan dado un nombre diferente cuando lo adoptaron. Si yo llegara de la nada, podría poner su mundo de cabeza. Me importa demasiado como para hacerle eso.

Comenté a mi abogada que quería escribir una carta para los padres adoptivos de Joey, y ella dijo que se las enviaría por medio del FBI. Así que una tarde me senté y escribí mi carta. He aquí parte de lo que dije:

> *A quien corresponda:*
>
> *Gracias por cuidar de mi hijo mientras no estuve. Me tranquiliza saber que ha estado en buenas manos durante los once años que permanecí cautiva. Con frecuencia pensaba en él y soñaba en cuál sería su aspecto cuando empezó a caminar, a dar sus primeros pasos, a decir sus primeras palabras, en su primer día de escuela, sus gustos y desagrados, y cómo se estaba desarrollando su personalidad. Me pregunté si le gustaría cantar, como me gusta a mí, si era tímido o parlanchín, y a qué le gustaba jugar. Al pasar los años, me pregunté si le gustaría el beisbol o el futbol americano. Quisiera tener una fotografía de él. Estaría muy agradecida si tuvieran la gentileza de enviarme una fotografía de mi hijo cuando era un bebé y un niño pequeño. Sé que ustedes siempre serán sus padres y que eso no cambiará. No intentaré quitárselos. Solamente espero que puedan llenar el vacío de mi corazón con cualquier fotografía o historia que estén dispuestos a compartir conmigo.*

La familia de mi hijo tuvo la amabilidad de responder a mi carta. Esa es la razón por la que ese día pude sentarme en la oficina de mi abogada a mirar las fotos de Joey. Esas imágenes son un tesoro para mí. Cada mañana, las saco del lugar seguro donde las guardo y las coloco sobre el mostrador. Las miro y me pregunto qué está haciendo mi hijo. ¿Qué le hizo reír el día anterior? ¿Quiénes son sus amigos ahora? Nunca me cansaré de ver esas fotografías. Nunca me daré por vencida con la esperanza de un milagro: que pueda abrazar a mi hijo una vez más.

No sé si algún día volveré a ver a Joey. Lo extraño más de lo que puedan imaginarse, pero al mismo tiempo lo amo tanto que no quiero interrumpir su vida. Ahora tiene una nueva familia. Está en un buen ambiente. Nunca lo arrancaría de su mundo tan solo para que esté en el mío. A veces tienes que querer a las personas como necesitan que las quieras. Tengo el suficiente amor por Joey como para dejarlo ir. Y eso es lo que he hecho.

Sin Joey, solamente me tengo a mí misma. La niña que alguna vez vivió bajo un puente. La joven madre que tuvo que abandonar los estudios. Una mujer que estuvo encerrada durante once años. Sigo tratando de descubrir hacia dónde iré; sinceramente, muchos días me siento perdida. He pasado mucho tiempo preguntándome si realmente puedo ser feliz sin mi hijo. ¿Quién era yo antes de tenerlo? ¿Y, en primer lugar, por qué me pasaron tantas cosas horribles? No tengo todas las respuestas y probablemente nunca las tenga, pero he llegado a darme cuenta de que mi vida no será mejor si me obsesiono con todo lo que he sufrido. Tengo que ver hacia adelante.

Los horrores que sobreviví no tienen que definirme y, con ayuda de Dios, no voy a permitir que lo hagan. Un día a la vez, una respiración a la vez, elijo seguir adelante. Después de arrastrarme para salir de una habitación oscura hacia una vida nueva, ese es el mejor regalo que puedo darme.

Epílogo

La reivindicación de una vida

⌒⊷⊰

EL 7 DE agosto de 2013, cuando aún vivía en el hogar de vivienda asistida, las autoridades derribaron la "casa del horror" de Ariel Castro. Para ese momento, la policía había terminado sus investigaciones. Gracias a Dios no encontraron ningún cadáver en la propiedad del tipo. Se toparon con los 22,000 dólares en efectivo que tenía guardados en su secadora de ropa. Los fiscales nos ofrecieron el dinero a Gina, Amanda y a mí, pero lo rechazamos porque quisimos que se empleara para mejorar el vecindario. En mi opinión era un dinero sucio y el único modo de limpiarlo era utilizarlo para un buen propósito.

Decidí estar ahí temprano por la mañana cuando se destruyó la casa.

—¿Estás segura de querer ir? —preguntó mi abogada.

—Claro que sí —respondí—. Quiero ir.

Deseaba presentarme por la misma razón que quise declarar ante la corte. Era una manera más de sanar. La demolición se programó para las 7:30 a.m., pero yo llegué temprano a la zona para poder repartir globos amarillos a las docenas de personas que llenaban las aceras de la avenida Seymour.

—Aquí tiene —dije a una mujer mientras le entregaba un globo—. Esto representa los cientos de personas que todavía están extraviadas.

¿Por qué regalé los globos? Porque quería que todas las madres conserven su fortaleza y sigan teniendo esperanza. Quería que todas las víctimas que piden ayuda a gritos sepan que no se les ha olvidado. Escuchamos sus voces y nunca dejaremos de buscarlas. Esa mañana, tanto yo como muchos otros soltamos nuestros globos para que flotaran hasta el cielo, y esa fue una escena muy hermosa.

Justo antes de que la grúa se abriera paso al cuarto rosa en la parte superior de la casa, yo me fui. En verdad quería estar ahí, pero mi abogada deseaba protegerme del agobio que podía representar para mí la enorme cantidad de entrevistas de la prensa. Al alejarme en el automóvil, pensé en todos los años que perdí en esa casa. Todas las veces que sufrí abuso. Todos los días que lloré por extrañar tanto a Joey. En ocasiones, para lograr avanzar hacia algo mejor, primero debes deshacerte de algo malo. Esa es la razón por la que fue necesario demoler esa casa y también es la razón que me impulsa a dejar atrás todos los recuerdos de las muchas cosas horribles que sobreviví ahí.

Mi hogar de esperanza: así es como llamo al nuevo lugar donde me mudé finalmente cerca del Día de Gracias de 2013. Así es: ¡por primera vez tengo mi propio departamento! Me encanta, en serio. Las paredes están pintadas de un tenue color verde hoja que es muy relajante. Me hace sentir como si estuviera afuera, lo cual es una maravillosa sensación después de pasar tantos años encerrada dentro de una casa. El apartamento tiene dos enormes ventanales en la sala, y todas las mañanas la luz inunda el lugar. Muchas veces durante el día, simplemente voy a pararme junto a la ventana y a recibir los rayos del sol. Luego, por la noche, también miro la luna y las estrellas. No creo que alguna vez llegue a cansarme de ver por la ventana. Es la vista más asombrosa del mundo.

En ese departamento me hacen feliz las cosas más pequeñas. Por ejemplo, me levanto y hago mi propio café todas las mañanas. Después de eso puedo leer un libro o pintar un poco;

es *mi decisión* qué quiero hacer. A últimas fechas me he interesado en las acuarelas y pinto gran cantidad de flores y cielos azules. En ocasiones, por la tarde o noche, miro un poco de televisión. Y déjenme decirles algo: puedo poner cualquier canal que desee. A veces, mientras paso de un canal a otro y si por casualidad veo que en pantalla hay una persona negra, dejo por largo tiempo ese canal ¡solo porque se me da la gana! Es mi pequeña manera de "vengarme" del maldito que nunca me dejaba ver programas donde aparecieran afroestadounidenses. Algunos de mis programas favoritos son *The Vampire Diaries*, cualquiera de los episodios de *CSI* y *Dancing with the Stars*. Y al igual que Joey, me encantan todos los deportes, en especial el beisbol y el baloncesto. ¡Vivan los Caballeros de Cleveland!

En las noches, justo antes de ir a dormir, a veces escribo en mi diario. Mi nuevo diario es rosa y en la portada tiene la palabra "Amor". Durante las fiestas decembrinas me la pasé muy bien con algunos nuevos amigos maravillosos que he conocido desde que salí de la casa. Esto es lo que escribí sobre mi primera Navidad en el nuevo departamento:

Que hoy todos nuestros corazones se iluminen y llenen de dicha navideña. Disfrutaré la compañía de mis amigos. Daré gracias por Joey y rezaré por que esté bien. Agradeceré a Dios por todas sus bendiciones y siempre recordaré que el verdadero significado de la Navidad viene del corazón.

Intercambié un par de regalos con mis amigos, pero ya tenía el mayor regalo de todos: mi libertad. He recuperado mi vida.

Algunas personas me preguntan si quiero tener otro hijo. Me encantan los niños, pero debido al daño físico que el tipo me causó no podré engendrarlos. Pero sí quiero tener niños en mi vida. No tienes que ser madre biológica para compartir tu amor con un pequeño que te necesite. En nuestro mundo hay muchos niños desesperados y que sufren. Así que en los siguientes años estaré buscando formas de ofrecerles amor, la clase de amor que siempre deseé haber tenido.

Hasta entonces, tengo otro pequeño de quien cuidar: ¡finalmente tengo un cachorrito! Es un Chihuahua y es la cosa más linda. A veces, cuando lo veo, me hace pensar en mi dulce Lobo y eso me entristece. Pero está tan lleno de energía y alegría, que es difícil permanecer deprimida cuando está cerca.

CUANDO INICIALMENTE ESCAPÉ de la casa, de inmediato pude ver cuánto había cambiado Cleveland con solo viajar por sus calles. ¡Pero desde entonces he visto que muchas otras cosas han cambiado en todo Estados Unidos! En primer lugar, nunca había usado un teléfono inteligente. Alguien me regaló un iPhone y ni siquiera sabía cómo encender la maldita cosa. Gracias al cielo, alguien en el hogar de vivienda asistida me enseñó a utilizarlo. Y ni me pregunten de Facebook, Twitter, correos electrónicos, mensajes instantáneos y todas las demás formas en que la gente se mantiene en contacto. Por un lado son maravillosos, pero para mí pueden ser abrumadores. Cuando así ocurre, solamente apago todo y escribo en mi diario, canto (me encanta cualquier cosa de Mariah Carey) o pinto (el rojo es mi color favorito para las flores y el azul es el color que siempre me recuerda a mi hijo).

Me perdí muchas cosas mientras estaba en ese calabozo: el huracán Katrina, el tsunami en Asia, el terremoto de Haití y el huracán Sandy. Michael Jackson y Whitney Houston murieron cuando yo todavía estaba en esa prisión. Toda la economía se puso de cabeza y mucha gente perdió sus casas y sus

empleos. Tuvimos a nuestro primer presidente afroestadouni-
dense. Mataron a Saddam Hussein. Escuché sobre algunas de
estas cosas en el radio cuando estaba en la casa, pero nunca
tuve oportunidad de hablar sobre ellas con otras personas en
el mundo exterior. Así que cuando llegué al centro de vivienda
asistida, tenía muchas cosas de qué enterarme. Es posible que
los habitantes de ese hogar hayan sido viejos, pero sí que tuve
algunas buenas conversaciones con varios de ellos.

Los sábados por la noche me encanta salir a bailar. Un par
de amigos me acompañan. El *hip-hop* es mi ritmo favorito.
Cuando estoy en la pista de baile me siento muy relajada. Después de estar encadenada durante once años y de haber sido
forzada a orinar en un balde, no se da por sentada la posibilidad de bailar. La simple capacidad de moverte libremente
es extraordinaria. Y me fascina cantar; canto las canciones de
Katy Perry, Rihanna y muchos otros.

Los domingos he empezado a ir a la iglesia. He visitado unas cuantas y encontré una que tiene música muy buena (quizá incluso ingrese al coro). Pero podría ir a un par de
iglesias más antes de elegir una. También espero que pueda
encontrar aquella iglesia a la que iba cuando era indigente.
Me pregunto si Arsenio sigue ahí. Me encantaría verlo y agra-
decerle por ser tan amable conmigo en aquellos tiempos que
pasaba hambre y estaba congelada de frío.

Cerca del final de 2013, otro de mis grandes sueños se
volvió realidad: fui a Disneylandia. Cuando mi hijo era pequeño, realmente quería llevarlo para que viera a Winnie
Pooh, Mickey y Flower, el pequeño zorrillo de *Bambi*. Después de que fui al programa *Dr. Phil* para una entrevista, el
doctor Phil y sus productores tuvieron la gentileza de hacer
los arreglos en mi nombre (¡muchas gracias doctor Phil!); Peggy, mi abogada, voló hasta Los Ángeles conmigo. Sé que

podrá parecerles una locura, pero esa fue la primera vez que viajé en avión.

Estaba tan emocionada que empaqué demasiadas cosas.

—Señorita, ¿haría favor de salir de la fila por un momento? —señaló una de las agentes de la TSA[2] cuando llegamos a la puerta de embarque. Acababa de pasar mi maleta por la máquina de rayos X y yo llevaba una enorme botella de agua. Además, tenía un tubo grande de dentífrico y un recipiente con enjuague bucal justo encima de todo.

—No puede llevar estos líquidos en el avión —prosiguió la agente—. Los líquidos deben ser de 100 mililitros o menos. Tendrá que regresar y registrar su equipaje en la sección de carga o, de otro modo, tendré que vaciar estos líquidos.

La miré con actitud perpleja.

—Pero no sabía que no pudiera llevar líquidos.

Ella me observó fijamente y respondió:

—Esa ha sido la regla desde hace por lo menos diez años.

Entonces intervino Peggy.

—¡Bueno, es que usted no tiene idea de dónde ha estado ella en los últimos diez años!

Ambas reímos un poco y es probable que la agente haya pensado que estábamos chifladas o algo. Al final tuve que regresar al mostrador de la aerolínea para registrar mi equipaje. De ahora en adelante, ¡ya conozco las reglas!

Una vez que despegamos, no podía dejar de ver por la ventana.

—¡Siento que estoy cerca del cielo! —dije a Peggy.

Ella solamente sacudió la cabeza y sonrió. Estoy segura de que este era tan solo otro trayecto para muchas de las personas que viajaban ese día. Pero en mi caso, era un mundo

---

[2] Administración de Seguridad en el Transporte de Estados Unidos.

completamente nuevo, lleno de cielos azules y de las nubes más esponjadas que haya visto jamás (¡estaba tan asombrada cuando las atravesamos!). Al aterrizar y dirigirnos al hotel, me sorprendió la grandeza de la ciudad de Los Ángeles. Había miles de automóviles en sus vías rápidas, ¡quizá incluso millones! No me encantó todo el asunto del tránsito, pero el clima es insuperable. Todo el tiempo que estuve ahí la temperatura fue de 24°C. Perfecta.

Ahora que ya he visto a Mickey (¡fantástico!), también tengo muchos otros sueños más. Cuando la gente me ve en la calle, muchos se acercan a preguntarme qué pienso hacer después. Bueno, ya regresé a la escuela. En enero empecé a tomar clases de cocina. Por lo menos durante dos años estaré aprendiendo a preparar platillos de todos los estilos: españoles, franceses, italianos y, por supuesto, estadounidenses. Hasta el momento me encanta.

Algún día quiero abrir un restaurante. Cuando preparas una gran comida para alguien es como regalarle un pequeño trozo de tu corazón. Espero que la gente de todo el mundo vaya a comer lo que yo cocine.

Quiero transmitir a otras personas tantas bendiciones como yo he recibido. Cada vez que digo eso, algunos parecen sorprendidos de que considere mi vida como una bendición después de todas las cosas que he sufrido. Pero la bendición es seguir viva. Aún estoy aquí. Sigo respirando todos los días y todavía puedo hacer algo por los demás. No existe mayor bendición que esa.

MI FAMILIA HA sido uno de los asuntos más difíciles de discutir desde que escapé de la casa. En primer lugar, no he oído palabra alguna de mi padre desde que logré salir. No sé dónde está o siquiera si sigue vivo. En lo que se refiere a mi madre, mucha gente no entiende por qué no quiero verla de nuevo. Pues bien, una vez que salí del hospital empecé a seguir las noticias. Vi algunos reportajes donde mi madre decía que, cuando yo estaba creciendo, le ayudaba a cultivar un jardín de verduras y le daba manzanas a un poni que era mascota de un vecino. Y pensé: *¿Qué diablos? ¿De quién habla?* ¡Eso nunca sucedió!

A través de su abogado, mi madre hizo la siguiente declaración: "Mi hija Michelle ha sido la víctima de una tortura innombrable, profunda y de larga duración. Su punto de vista está alterado por ese monstruo y por lo que él le hizo. Las cosas que he escuchado que dice de mí me rompen el corazón. Y ese pesar se debe a que lo que ahora cree, por más que no sea cierto, aumenta su dolor. Amo a mi hija. Siempre lo he hecho y siempre lo haré. Rezo pidiendo que algún día sane lo suficiente como para darse cuenta de ello de nuevo".

Lo único que puedo decirles es esto: en mi infancia hubo mucho dolor. Pero no es mi propósito culpar a mi madre ni hacer que se sienta mal. Ahora que soy mayor, entiendo que, cuando tú misma has pasado una gran pena, sencillamente haces lo mejor posible para superarla. Quizá eso es lo que sucedió con mi madre. Como todos, sé que ha tenido tiempos difíciles en su vida y espero que todo vaya bien para ella. Pero en lo que se refiere a recuperar el contacto, en este momento no es la mejor opción para mí. Necesito un poco de espacio para conducir mi vida hacia una nueva dirección.

Realmente extraño a algunos de los demás miembros de mi familia, como mis hermanos y mis primas Lisa, Deanna y April. Pero temo que si vuelvo a establecer contacto con una de las personas de la familia, eso conducirá a volver a ver a mi madre y no estoy lista para ello. Espero, en verdad, que algún día comprenda mi punto de vista. Pero incluso si ese no es el caso, tengo que mirar hacia el futuro y tratar de encontrar un poco de felicidad.

Y luego está el tipo. Pienso que el mundo espera que lo odie por el resto de mi vida, y no les mentiré: todavía hay muchos días en que tengo gran enojo sobre las cosas que me hizo. Pero poco a poco estoy aprendiendo a dejar de lado el odio. No estoy diciendo que merezca que se le deje libre de culpa por lo que hizo. A lo que me refiero es que *yo* merezco ser libre. Y no puedo tener libertad si todos los días camino por el mundo llena de resentimiento y amargura. El perdón es la única manera en que puedo reclamar mi vida. Si no perdono al tipo, entonces será como si me hubiera aprisionado dos veces: primero cuando me retuvo en su casa y, ahora, incluso después de haberse ido. Estoy dejando pasar mi odio hacia él para que en verdad pueda recuperar mi vida.

No sé por qué mi vida resultó ser de este modo. A veces me pregunto: *¿Qué propósito tiene todo el dolor que he sufrido? ¿Por qué Dios no puede hacer que nunca tengamos que pasar por cosas difíciles?* El día que llegue al cielo tendré que preguntarle. Pero por ahora, el único sentido que puedo darle a todo lo que he atravesado es este: todos pasamos por cosas difíciles. Es posible que quisiéramos que fuera diferente, pero así es. Incluso si no comprendo mi dolor, tengo que convertirlo en alguna especie de propósito.

Cuando estaba por dar mi último suspiro en esa casa, Dios me mantuvo viva por alguna razón. Creo que es para que pueda ayudar a otros que han estado en mi situación. Cuando me siento perdida, ese es el propósito al que me aferro. Convertirme en la voz de aquellos que no pueden hablar, compartir el amor con las demás personas que me rodean: esa es la única manera en que podré reencontrarme a mí misma.

Agradecimientos

N ADA DE ESTO hubiera sido posible sin el doctor Phil. Él abogó por mi causa y ayudó a la gente a conectarse con mi historia para que yo pudiera comenzar una nueva vida. Le estaré agradecida por siempre.

Quiero agradecer a mis agentes literarios Jan Miller y Lacy Lynch, por su compromiso, ayuda y guía con este libro. Gracias también al equipo de Dupree/Miller: a su presidenta Shannon Marven y a Nena Madonia, Ivonne Ortega y Nicki Miser por su gran esfuerzo y apoyo.

También quisiera agradecer a Harvey Weinstein; David Steinberger, director ejecutivo de Perseus Books Group; Amanda Murray, directora editorial; Georgina Levitt, directora de publicaciones; y Kathleen Schmidt, directora de publicidad. Muchas gracias a Leslie Wells por su minuciosa corrección de estilo.

Vaya mi agradecimiento para Michelle Burford por ayudarme a redactar este libro; a Christine Marra por la producción, a Deborah Feingold por las fotografías de portada y a Laura Hanifin por la investigación fotográfica.

Quiero enviar un enorme agradecimiento a mis amigos, el pastor Ángel Arroyo, Jr., así como a Charles Ramsay y Ángel Cordero. Gracias al comandante Keith Sulzer y al Departamento de Policía de Cleveland; a Anna Faraglia y a la oficina del fiscal del condado de Cuyahoga; al personal del

Metrohealth Hospital; a los contribuyentes del Cleveland Courage Fund; a Tim Kolonick, Jennifer Meyers y Lisa Miriello del FBI; a la división Cleveland de la organización Guardian Angels; y a Bob Friedrick. También agradezco a mis amigos de Happy Days Elderly Care. Y enormes gracias a la productora ejecutiva Carla Pennington y a las productoras de noticias del *Dr. Phil*: Erin Parker y Sarah Carden, por toda la ayuda y por ser mis amigas.

Gina y Amanda: gracias por ser mis compañeras y mejores amigas durante los once años que estuvimos juntas. Que Dios las bendiga todos los años que sigan en libertad.

Por último, gracias a Abdoul Rahim AbdoulKarim y a todos en Giffen & Kaminski, LLC y, en especial, a mi abogada, Peggy Foley Jones, por sus sabios consejos y por estar siempre a mi lado.